prima plus+

Deutsch für Jugendliche

A1

Testheft

Tetyana Chobotar
Franziska Muckenthaler
Tabea Verma

Cornelsen

A1 | Deutsch für Jugendliche | Testheft

Im Auftrag des Verlages erarbeitet von
Tetyana Chobotar, Franziska Muckenthaler, Tabea Verma

Modelltest Fit in Deutsch 1: Jarmila Antošová

Konzept: Institut für Testforschung und Testentwicklung e. V., Leipzig

Redaktion: Kathrin Sokolowski

Illustrationen: Laurent Lalo, Lukáš Fibrich (S. 52, 53, 63)

Layoutkonzept: Rosendahl Berlin, Agentur für Markendesign
Technische Umsetzung: zweiband.media, Berlin
Umschlaggestaltung: Rosendahl Berlin, Agentur für Markendesign

Informationen zum Lehrwerksverbund von prima plus
finden Sie unter: *www.cornelsen.de/prima-plus*

www.cornelsen.de

1. Auflage, 6. Druck 2020

Alle Drucke dieser Auflage sind inhaltlich unverändert
und können im Unterricht nebeneinander verwendet werden.

© 2015 Cornelsen Schulverlage GmbH, Berlin
© 2018 Cornelsen Verlag GmbH, Berlin

Druck: Athesiadruck GmbH

ISBN: 978-3-06-021524-9

PEFC zertifiziert
Dieses Produkt stammt aus nachhaltig
bewirtschafteten Wäldern und kontrollierten
Quellen.

www.pefc.de

PEFC/18-31-166

Einführung 4

Die Testformate 6

Das Testheft prima plus A1

Das Testheft prima^plus° A1 enthält 14 Tests, die die Bände A1.1 und A1.2 des Lehrwerks prima^plus° begleiten und dessen Themen und Lernzielen folgen. Ein abschließender Modelltest bereitet auf die Prüfung Fit in Deutsch A1 vor.

Mit dem Testheft prima^plus° A1 können Sie den Lernfortschritt Ihrer Schülerinnen und Schüler beobachten, objektiv messen und beurteilen. Zugleich helfen Ihnen die Tests, Ihren Unterricht zu optimieren und so Ihre Schülerinnen und Schülern zu unterstützen, ihre Lernziele zu erreichen.

Tests zum Lernen

Die 14 lehrwerksbezogenen Tests sind Tests zum Lernen. Sie unterscheiden sich in ihren Zielen von Tests zur Zertifizierung. Während Tests zur Zertifizierung in der Regel durchgeführt werden, um den Kenntnisstand der Schülerinnen und Schüler zu überprüfen und zu benoten, dienen die Tests zum Lernen im Testheft prima^plus° neben der Benotung auch der Verbesserung der Lehr-/Lernprozesse im Unterricht. Damit bieten sie zugleich die Möglichkeit, die Motivation der Schülerinnen und Schüler zum Erlernen der Sprache zu erhöhen.

Die Ergebnisse der Tests zum Lernen helfen,

1. wichtige Fragen über Ihren Unterricht zu beantworten:
   – War mein Unterricht effektiv?
   – Haben meine Schülerinnen und Schüler gelernt, was ich unterrichtet habe?
   – Kann ich mit der neuen Einheit beginnen?
   – Muss bestimmten Aufgaben und Aktivitäten mehr Zeit eingeräumt werden?
   – Was muss ich mit meinen Lernenden noch üben?
   – Welches Feedback brauchen meine Lernenden?

2. herauszufinden, wo die Stärken und Schwächen Ihrer Schülerinnen und Schüler liegen. So können Sie den Unterricht optimal an das Bedürfnis der Schülerinnen und Schüler anpassen, die Sprache schnell und effektiv zu lernen.

3. den Schülerinnen und Schülern ein effektives und motivierendes Feedback zu geben, das ihnen hilft, ihre Leistungen zu verbessern.

Positive Beeinflussung des Unterrichts

Um die Tests erfolgreich zu lösen, benötigen Ihre Schülerinnen und Schüler Kompetenzen, die für einen authentischen Sprachgebrauch relevant sind. Die Vorbereitung auf die Tests und das Lösen der Testaufgaben selbst bewirken sprachliches Lernen. Auch die Unterrichtszeit, die für den Test benötigt wird, wird somit sinnvoll genutzt.

In den Tests werden nur die Kompetenzen und Wissensbereiche überprüft, die dem sprachlichen Niveau Ihrer Schülerinnen und Schüler entsprechen und im Unterricht mit dem Lehrwerk prima^plus° A1 vermittelt werden. Die Testformate sind den Schülerinnen und Schülern vertraut, da sie mit den Aufgabenformaten des Lehrwerks übereinstimmen. Sie lernen die Tests daher als gerechte und sinnvolle Leistungsbeurteilung kennen.

Validität und Zuverlässigkeit

Das Konzept für das Testheft prima^{plus°} A1 wurde vom Institut für Testforschung und Testentwicklung (ITT) e.V. Leipzig, die Testaufgaben von erfahrenen Testentwicklerinnen und Lehrkräften für Deutsch als Fremdsprache entwickelt.

Die Tests berücksichtigen alle vier Fertigkeiten Hören, Lesen, Sprechen und Schreiben. Grammatik und Wortschatz werden stets im Kontext geprüft. Die Testaufgaben sind kontextuell so eingebettet, dass sie authentischem Sprachgebrauch und bekannten Situationen aus dem Unterricht mit dem Lehrwerk prima^{plus°} entsprechen. Die Testergebnisse sind daher auf lebensweltliche Kompetenzen und Situationen übertragbar.

Für die Lösung der Tests sind nur die Kompetenzen notwendig, die auch getestet werden sollen. So werden z. B. in einem Wortschatztest ausschließlich Wortschatzkenntnisse überprüft und keine Grammatikkenntnisse mitgetestet.

Hinweise zur Durchführung der Tests und zum Feedback

Für jede Testaufgabe finden Sie ausführliche Informationen zu den Testzielen, die den Lernzielen der jeweiligen Einheiten entsprechen, sowie zum Aufgabenformat und zur Bewertung.

Informieren Sie Ihre Schülerinnen und Schüler darüber, warum Sie die Tests durchführen, was die Testaufgaben überprüfen und wie Sie diese bewerten. Das sorgt für Transparenz. Beziehen Sie die Schülerinnen und Schüler in den Bewertungsprozess ein, um ihre Lernbewusstheit zu fördern. Erklären Sie ihnen, welche Vorteile die Tests für sie und für den Unterricht haben können.

Das Bewertungsverfahren hilft Ihnen, die Tests objektiv durchzuführen. Da die Tests kompetenzorientiert und eng mit den Lernzielen des Lehrwerks verknüpft sind, erhalten Sie mit den Testergebnissen eine gute Rückmeldung, ob Sie mit einer neuen Lektion beginnen können oder ob ein Thema wiederholt werden sollte.

Testergebnisse können auch signalisieren, dass einzelne Schülerinnen und Schüler ein individuelles Feedback brauchen. Vielleicht benötigen sie individuelle Tipps zu effektiven Lernstrategien oder aber zusätzliche Aufgaben zu einem bestimmten Thema. Anhand der Testergebnisse können Sie individuelle Lernbedürfnisse der Schülerinnen und Schüler erkennen und besprechen.

Gehen Sie mit Ihren Schülerinnen und Schülern in einen Feedback-Dialog, in dem diese über ihren eigenen Lernprozess reflektieren können. Eine über die Note hinausgehende Rückmeldung sollte die Lernziele, die Lernerfolge sowie Vorschläge zu Lernstrategien einschließen.

Reflexion über den eigenen Unterricht

Dokumentieren Sie regelmäßig die Ergebnisse der Tests. So können Sie die Leistungsentwicklung Ihrer Schülerinnen und Schüler im Blick behalten, den Lernfortschritt beobachten, erkennen, wer eines Feedbacks bedarf oder bei welchen Themen besonders viele Schülerinnen und Schüler Schwierigkeiten haben.

Die Testformate

Das Testheft prima^(plus•) A1 enthält drei Arten von Tests zum Lernen. Die folgende Tabelle gibt Ihnen einen Überblick:

	8 Lernabschnittstests	4 Lernfortschrittstests		2 Lernabschlusstests
Einheiten	1, 2, 4, 6, 8, 9, 11, 13	1–3 und 8–10	4–5 und 11–12	1–7 und 8–14
Testteile	– Lesen oder Hören – Wortschatz – Grammatik	– Hören – Wortschatz – Lesen – Schreiben – Sprechen	– Hören – Wortschatz – Lesen – Schreiben	– Hören – Lesen – Schreiben – Sprechen
Punkte	30	45	35	35
Dauer	ca. 30 Minuten	ca. 40 + 5–10 Minuten pro Schülerin / Schüler (Testteil Sprechen)	ca. 40 Minuten	ca. 40 + 5–10 Minuten pro Schülerin / Schüler (Testteil Sprechen)

Lernabschnittstests

Die insgesamt acht Lernabschnittstests sind kurze, inhaltsorientierte, rein schriftliche Leistungsbeurteilungen. Mit den Lernabschnittstests überprüfen Sie, ob Ihre Schülerinnen und Schüler die Lernziele einer Einheit erreicht haben. Die Lernabschnittstests bestehen aus drei Testteilen: Wortschatz, Grammatik und Hören oder Lesen. Sie benötigen ca. 30 Minuten Zeit.

In Lernabschnittstests werden die zentralen Sprachhandlungen der jeweiligen Einheit getestet. Die Testaufgaben orientieren sich an den Aufgabentypen aus dem Arbeitsbuch.

Der Testteil Wortschatz überprüft Wörter aus der Rubrik Deine Wörter im Arbeitsbuch.

Der Testteil Grammatik testet die Strukturen aus der Übersicht Grammatik – kurz und bündig im Schülerbuch.

Sowohl Wortschatz als auch Grammatik werden kontext- oder kommunikationsorientiert getestet. Die Tests zum Band A1.1 überprüfen nur rezeptive, die Tests zum Band A1.2 sowohl rezeptive als auch produktive Wortschatzkenntnisse.

Die Fertigkeiten Hören und Lesen werden abwechselnd getestet. Die Aufgabentypen sind angelehnt an die Hör- und Leseaufgaben aus Schüler- und Arbeitsbuch. Entsprechend der jeweiligen Einheit wird globales, selektives bzw. detailliertes Verständnis getestet.

Die Hörtexte sollten zweimal abgespielt und den Schülerinnen und Schülern sowohl vor als auch nach dem Hören ausreichend Zeit gegeben werden, um die Fragen und Aufgaben zu lesen bzw. nach dem ersten Hören zu lösen.

Lernfortschrittstests

Die vier kompetenz- und wortschatzorientierten Lernfortschrittstests prüfen die zentralen Sprach-handlungen der letzten drei bzw. zwei Einheiten.

Die Lernfortschrittstests nach den Einheiten 3 und 10 beziehen sich auf drei vorangegangene Ein-heiten. Sie bestehen aus fünf Testteilen: Wortschatz, Lesen, Hören, Schreiben und Sprechen. Sie nehmen einen Zeitrahmen von ca. 40 Minuten ein. Für den Testteil Sprechen benötigen Sie weitere 5 bis 10 Minuten pro Schülerin und Schüler.

Die Lernfortschrittstests nach den Einheiten 5 und 12 beziehen sich auf zwei vorangegangene Ein-heiten. Sie bestehen aus den vier Testteilen Wortschatz, Lesen, Hören und Schreiben. Sie nehmen ca. 40 Minuten ein.

Im Testteil Wortschatz wird eine Auswahl der Wörter aus der jeweils letzten Einheit überprüft (Ein-heiten 3, 5, 10, 12).

Die Aufgaben der Testteile Lesen, Hören und Schreiben sind an die Aufgaben aus Schüler- und Ar-beitsbuch angelehnt. Für eine zusätzliche, gezielte Vorbereitung auf die Lernfortschrittstests können Sie Ihren Schülerinnen und Schülern die Kleinen Pausen im Arbeitsbuch empfehlen.

Der Test der Fertigkeit Sprechen wird jeweils mit einer Schülerin / einem Schüler durchgeführt. Es handelt sich um ein Interview und ein kurzes Rollenspiel.

Die Lern- und Testziele der Lernfortschrittstests sind den Kann-Beschreibungen des GeR zugeordnet (siehe Anhang, Seite 65–71). Anhand der Ergebnisse der Lernfortschrittstests können Sie beobachten, wie sich die Kompetenzen der Schülerinnen und Schüler entwickeln und diese mit ihnen besprechen.

Lernabschlusstests

Die beiden Lernabschlusstests sind kompetenzorientierte Leistungsbeurteilungen, die sich auf jeweils einen Band prima^{plus}° A1.1 und A1.2 beziehen.

Die Lernabschlusstests überprüfen Sprachwissen in allen vier Fertigkeiten. Die Durchführung der Testteile Lesen, Hören und Schreiben nimmt ca. 40 Minuten ein. Der Testteil Sprechen benötigt weitere 5 bis 10 Minuten pro Schülerin / Schüler.

Einzelne Testaufgaben der Lernabschlusstests sind an den Aufgabentypen der Großen Pausen im Arbeitsbuch orientiert. Bei Bedarf nach zusätzlicher, gezielter Vorbereitung auf die Lernabschlusstests können Sie Ihren Schülerinnen und Schülern die Großen Pausen im Arbeitsbuch empfehlen.

Die Testaufgaben berücksichtigen die Anforderungen der Prüfung Fit in Deutsch 1.

Die Lern- und Testziele der Lernabschlusstests sind ebenfalls den Kann-Beschreibungen des GeR zugeordnet (siehe Anhang, Seite 65–71).

Der Testteil Sprechen in den Lernfortschrittstests und den Lernabschlusstests

Die Lernfortschritts- und die Lernabschlusstests testen die Fertigkeit Sprechen. Dieser Testteil orientiert sich am American Council on The Teaching of Foreign Languages (ACTFL) Oral Proficiency Interview (OPI). Das OPI stellt ein zuverlässiges und valides Prüfungsinstrument zur Erfassung der Sprechfähigkeit dar. Es wurde bereits Anfang der achtziger Jahre entwickelt, hat sich in Nordamerika als Standardprüfung der Sprechkompetenz durchgesetzt und wurde in vielen Forschungsstudien untersucht. Das OPI dauert auf unteren Sprachniveaus ca. 5 bis 15 Minuten pro Schülerin / Schüler und ermöglicht es, eine Auswahl der Sprechhandlungen effektiv zu testen. Darüber hinaus sind die ACTFL-Niveaubeschreibungen mit jenen des GeR kompatibel.

In Anlehnung an das OPI haben die Tests der Fertigkeit Sprechen im Testheft prima^{plus} A1 folgende Struktur:

1 Aufwärmen		Dieser Teil des Tests wird nicht bewertet. Er dient dazu, die Schülerin / den Schüler zu begrüßen und ihr / ihm ein paar sehr einfache alltägliche Fragen zu stellen. Auf diese Weise beginnt der Test auf einem für die Schülerin / den Schüler einfachen Niveau, damit sie / er sich sicher fühlen kann. Das kann ihr / ihm helfen, auf Deutsch zu denken.
2 Hauptteil	Thema 1	Im Hauptteil des Tests besprechen Sie mit der Schülerin / dem Schüler vier Themen, die in den vorangegangenen Einheiten behandelt wurden. Sie stellen Fragen, auf die die Schülerin / der Schüler antwortet.
	Thema 2	
	Thema 3	
	Thema 4	
	Rollenspiel	Mit dem Dialog (Rollenspiel) beenden Sie den Hauptteil der Prüfung. In dieser Phase wird die Initiative der Schülerin / dem Schüler überlassen, indem eine alltägliche Situation simuliert wird. Die Schülerin / der Schüler muss mit Ihnen zusammen eine Aufgabe lösen. Die Situationen entsprechen den Inhalten der Einheiten.
3 Abkühlen		Dieser Teil des Tests wird nicht bewertet. Er dient dazu, die Schülerin / den Schüler auf das Niveau zu bringen, auf dem sie / er sich wohl fühlt. So verlässt die Schülerin / der Schüler den Test mit einem guten Gefühl, was positive Auswirkung auf ihre / seine Motivation und auf das weitere Lernen haben kann.

Den Dialogverlauf des Testteils Sprechen strukturieren Vorlagen, die den Sprachhandlungen und Lernzielen des Lehrwerks prima^plus• A1 angepasst sind. Den jeweiligen Testphasen zugeordnet finden Sie eine dem Sprachniveau entsprechende Themenauswahl und gezielte Fragen. Diese Vorlagen stellen eine große Auswahl an Fragen zur Verfügung. Wählen Sie für einen Test aus dem Hauptteil insgesamt nur fünf bis sechs Fragen. Die Fragen in der Rubrik Aufwärmen helfen, ins Gespräch einzusteigen. Sie zählen nicht zu diesen fünf bis sechs Fragen. Beachten Sie die Zeitbegrenzung (5–10 Minuten).

Aufwärmen		Begrüßung; Wie geht's dir?
		Welchen Unterricht hast du heute?
		Was hast du heute gegessen?
Hauptteil	Wohnen	Was hast du in deinem Zimmer?
		Beschreibe dein Zimmer.
	Meine Stadt	Was gibt es in deiner Stadt?
		Wie kommst du zur Schule?
		Wie lange brauchst du?

Vorlage für den Testteil Sprechen, Seite 51

Die „Karte für das Rollenspiel" gibt den Impuls für den weiteren Verlauf des Dialoges:

✂ -

Karte für das Rollenspiel

Eine Überraschungsparty planen

Vorlage für den Testteil Sprechen, Seite 51

Korrigieren Sie während des Tests keine Fehler, um die authentische kommunikative Situation aufrechtzuerhalten und die Schülerin / den Schüler nicht zu verunsichern.
Bleiben Sie freundlich und achten Sie auf eine offene Haltung gegenüber allen Schülerinnen und Schülern. Wenn die Schülerin oder der Schüler Sie nicht versteht, wiederholen Sie die Frage langsam und deutlich oder vereinfachen Sie diese.

Machen Sie während der Prüfung keine Notizen. Gleich im Anschluss an den jeweiligen Test bewerten Sie mithilfe des Bewertungsrasters die sprachliche Leistung der Schülerin / des Schülers.
Wenn organisatorisch und rechtlich die Möglichkeit besteht, zeichnen Sie den Test auf und bewerten Sie ihn nachträglich genau nach dem Bewertungsraster (siehe Anhang, Seite 81).

Lernziele und Aufgabenformate der Tests

Im Anschluss an die Tests finden Sie eine detaillierte Beschreibung zu allen Tests und Testaufgaben. Eine Übersichtstabelle stellt die Testteile, die Anzahl der Aufgaben, die Test- und Lernziele und die Aufgabenformate dar.

Testteil	Testaufgabe	Was wird getestet?	Aufgabenformat
Wortschatz	1	Rezeptive Wortschatzkenntnisse (Schulsachen): *Bleistift, Heft, Taschenrechner, USB-Stick, Rucksack, Radiergummi*	Multiple-Choice (3 Antwortmöglichkeiten)
	2	Rezeptive Wortschatzkenntnisse (Zahlwörter): *12, 19, 200, 90, 29*	Zuordnung

Was wird getestet? | Aufgabenformate, Seite 64

Für die Lernfortschrittstests und die Lernabschlusstests enthalten die Übersichtstabellen zusätzlich den Verweis auf die Einheit, in der das jeweilige Test- und Lernziel geübt wurde, sowie die dem Lernniveau entsprechenden Kann-Beschreibungen des GeR.

Testteil	Testaufgabe	Aufgabenformat	Was wird getestet?	Einheit	Kann-Beschreibung
Hören	1	Multiple-Choice (3 Antwortmöglichkeiten)	Selektives und detailliertes Hörverständnis zu Informationen zur Person (Vorstellung, Hobbys, Haustiere, Zahlen)	1–3	Kann verstehen, wenn sehr langsam und sorgfältig gesprochen wird und wenn lange Pausen Zeit lassen, den Sinn zu erfassen.

Was wird getestet? | Aufgabenformate, Seite 65

Lösungen und Bewertungen

Der Abschnitt "Lösungen und Bewertungen" enthält sämtliche Lösungen. In den jeweiligen Tabellen sind außerdem die Punkte für jeden Testteil angegeben und den Leistungen von „sehr gut" bis „nicht bestanden" zugeordnet. So können Sie jeden Testteil einzeln bewerten, die Testergebnisse schnell interpretieren und damit den Schülerinnen und Schülern ein effektives Feedback geben.

Testteil	Testaufgabe	Lösungen	Punkte und Bewertung
Hören	1	1. b – 2. a – 3. b – 4. a – 5. a – 6. a – 7. a – 8. b	7–8 → sehr gut 5–6 → gut 3–4 → befriedigend 0–2 → nicht bestanden

Lösungen und Bewertungen, Seite 72

Wenn eine Schülerin oder ein Schüler kein gutes Ergebnis erzielt hat, können Sie prüfen, ob es an einem bestimmten Testteil liegt, z. B. am Wortschatztest. Anschließend können Sie einzelne Aufgaben ansehen, um herauszufinden, wo genau die Schwierigkeiten liegen. Auf diese Weise können Sie ein individuelles Feedback vorbereiten. Sie können auf die Stärken und Schwächen der Schülerin oder des Schülers eingehen und gezielte Hinweise geben, wie die entsprechenden Bereiche effektiver erlernt werden könnten.

Wenn viele Schülerinnen und Schüler keine guten Ergebnisse erzielen konnten, können Sie ähnlich vorgehen und entsprechend entscheiden, z.B. bestimmte Aspekte des Lernstoffs zu wiederholen oder zusätzliche Materialien einzusetzen.

In der abschließenden Zeile der Übersichtstabelle finden Sie die Bewertung für den gesamten Test. Die Gesamtanzahl der Punkte ist in vier Stufen von „sehr gut" bis „nicht bestanden" unterteilt. Die Testergebnisse sind zusätzlich in Prozent angegeben, welche Sie in Noten entsprechend Ihrem Notensystem übersetzen können.

GESAMT	1–5	24–30 →	sehr gut	(78–100%)
		18–23 →	gut	(58–77%)
		12–17 →	befriedigend	(40–57%)
		0–11 →	nicht bestanden	(0–39%)

Lösungen und Bewertungen, Seite 72

Die Testteile Wortschatz, Grammatik, Lesen und Hören enthalten nur geschlossene Aufgaben. Jede korrekte Antwort wird mit einem Punkt bewertet.
Die Testteile Schreiben und Sprechen bewerten Sie nach Rastern.

Bewertungsraster Schreiben und Bewertungsraster Sprechen

Die zwei Bewertungsraster für die Testteile Schreiben und Sprechen orientieren sich an den Kann-Beschreibungen des GeR und der Prüfung Fit in Deutsch 1. Sie enthalten Kategorien wie beispielsweise Inhalt und Umfang oder Aussprache. Zu jeder dieser Kategorien gibt es detaillierte Beschreibungen der Prüfungsleistungen, die jeweils mit 1 bis 3 Punkten bewertet werden.

Kategorien	Punkte
Inhalte und Umfang	
Kann auf die meisten direkten Fragen angemessen reagieren. Kann eine Reihe von einfachen situationsangemessenen Fragen stellen. Verwendet dabei einfache meist auswendig gelernte Sätze oder zählt Sachen auf.	3
Kann auf einige direkte Fragen angemessen reagieren. Kann einige einfache situationsangemessene Fragen stellen. Verwendet dabei eher einzelne Wörter und Wortgruppen, aber auch einfache kurze Sätze.	2
Kann auf sehr wenige direkte Fragen angemessen reagieren. Kann fast keine einfachen situationsangemessenen Fragen stellen. Verwendet überwiegend einzelne Wörter und Wortgruppen.	1

Bewertungsraster Sprechen, Seite 81

Transkripte der Hörtexte

Im letzten Abschnitt des Testhefts finden Sie die Transkripte der Hörtexte.
Die beiliegende Audio-CD enthält alle Audiotracks zu den Testteilen Hören.

Neu hier?

Name		Klasse	Datum

Punkte | 30

02 **1** Was hörst du: a oder b ? Kreuze an. Du hörst die Sätze zweimal. | 8

1. a Hallo, Tim.   b Hi, Tina.
2. a Guten Morgen, Sandra!   b Guten Abend, Sarah!
3. a Wie bitte?   b Wie geht's?
4. a Gut, und dir?   b Gut, und Ihnen?
5. a Tschüs.   b Bis später.
6. a Was mögen Sie?   b Was machen Sie?
7. a Ich mag Tennis sehr.   b Ich mag Tischtennis sehr.
8. a Frau Schneider mag München.   b Frau Schneider wohnt in München.

2 Fragen und Antworten: Ergänze die Fragen. | 4

Wo – Woher – Was – Wie

1. _____ kommen Sie? – Aus Bern.

2. _____ mögen Sie? – Fußball.

3. _____ wohnst du? – In Deutschland.

4. _____ geht's? – Gut, und Ihnen?

3 Eine Anmeldung: Ergänze das Formular. | 5

Breitensteinstraße 17 – Deutschland – Müller – Anna – München

Anmeldung

Name

1. Vorname

2. Familienname

Adresse

3. Straße

4. Wohnort

5. Land

4   Hobbys: Lies und ordne die Bilder zu. | 6

A

B

C

D

E

F

1. Mia mag Karate.   ☐

2. Lukas mag Fußball.   ☐

3. Mehmet mag Tennis.   ☐

4. Carina mag Radfahren.   ☐

5. Anna mag Schwimmen.   ☐

6. Florian mag Gitarre spielen.   ☐

5   Gespräche: Lies die Dialoge und ergänze. | 7

Dialog 1

- Guten Tag! Ich b_____[1] Frau Schulz.

  Wie heiß_____[2] Sie, bitte?

- Ich heiße Meckel.

- Und der Vorname?

- Lisa.

- Wo wohn_____[3] Sie, Frau Meckel?

- Ich wohn_____[4] in Berlin, Altstraße 2.

- Danke, Frau Meckel. Willkommen!

- Danke! Auf Wiedersehen!

Dialog 2

- Hallo! Ich heiße Max.

  Wie heiß_____[5] du?

- Hallo! Ich heiße Rebekka.

- Woher komm_____[6] du?

- Aus Wien.

- Mag_____[7] du Basketball?

- Ja, ich mag Basketball sehr!

Meine Klasse

Name		Klasse	Datum

Punkte | 30

1   Meine Schulsachen: Wie heißt das auf Deutsch? Kreuze an. | 6

a Das ist ein Kuli.
b Das ist ein Bleistift.
c Das ist ein Spitzer.

a Das ist ein Laptop.
b Das ist ein Taschenrechner.
c Das ist ein Smartphone.

a Das ist eine Sporttasche.
b Das ist ein Rucksack.
c Das ist eine Brotdose.

a Das ist ein Wörterbuch.
b Das ist ein Buch.
c Das ist ein Heft.

a Das ist ein USB-Stick.
b Das ist ein Tablet.
c Das ist ein Lineal.

a Das ist ein Kleber.
b Das ist eine Schere.
c Das ist ein Radiergummi.

2   Zahlwörter: Kombiniere die Ziffern und Zahlwörter. | 5

19 – 90 – 12 – 29 – 200

1. zwölf – _____
2. neunzehn – _____
3. zweihundert – _____
4. neunzig – _____
5. neunundzwanzig – _____

3   Hallo. Ich bin neu hier. Lies den Dialog und ergänze die Lücken. |11

- Hallo, ich bin Eva. Wie hei_____[1] du?
- Hallo, Eva. Ich heiße Micha. Ich bin neu hier.
- Woher kom_____[2] du?
- Ich komme aus Graz. Jetzt wohne ich in München. Was ist jetzt?
- Mathe. Mag_____[3] du Mathe?
- Ähhh … Nein.

- Ich ma_____ [4] Sport und Bio sehr. Meine Freundin ma_____ [5] Mathe und Geschichte.
  Sie hei_____ [6] Maria. Wir mög_____ [7] auch Gitarre spielen.

- Spi_____ [8] ihr oft zusammen Gitarre?

- Ja, wir spi_____ [9] oft zusammen und wir mach_____ [10] zusammen Karate.
  Maria mach_____ [11] auch Judo.

- Ja? Super!

4   Meine Schule und meine Freunde: Was ist richtig?
Lies die Power-Point-Folien und kreuze an. | 8

1. Ich heiße Leo, bin 13 Jahre alt und wohne in Bremen. Ich bin in Klasse 7. Ich mag Musik und ich spiele Gitarre.

2. Das ist meine Klasse. Ich mag Mathe und Bio. Ich lerne auch Englisch und Französisch. Englisch mag ich nicht.

3. Das sind meine Schulsachen: mein Rucksack, mein Tablet und mein Kugelschreiber, mein Mathebuch, mein Matheheft und mein Biologiebuch.

4. Hier ist meine Schule, die Leibnitz-Schule. Es ist große Pause. Und das sind meine Freunde.

5. Meine Freundin Esra kommt aus der Türkei. Sie ist auch in Klasse 7. Sie mag Deutsch und Sport. Sie spielt Fußball und Tennis. Ich mag auch Sport und wir machen zusammen Judo. Sie ist toll.

6. Und das ist Jonas. Er ist 14 und geht in Klasse 8. Wir kommen beide aus Berlin. Wir lernen zusammen Französisch und wir spielen oft Gitarre. Er macht nicht gern Sport.

1. **Wo wohnt Leo?** Leo wohnt in …
   - a Bremen.
   - b der Türkei.
   - c Berlin.

2. **Wie alt ist Leo?** Leo ist …
   - a vierzehn.
   - b dreizehn.
   - c siebzehn.

3. **Was mag Leo nicht?** Leo mag …
   - a Englisch nicht.
   - b Bio nicht.
   - c Mathe nicht.

4. **Wer geht in die Klasse 7?**
   - a Esra und Jonas.
   - b Jonas und Leo.
   - c Leo und Esra.

5. **Was machen Esra und Leo zusammen?** Esra und Leo …
   - a spielen zusammen Fußball.
   - b lernen zusammen Mathe.
   - c machen zusammen Judo.

6. **Wer ist toll?**
   - a Leo.
   - b Esra.
   - c Jonas.

7. **Wer lernt nicht Französisch?**
   - a Jonas.
   - b Leo.
   - c Esra.

8. **Wer spielt Gitarre?**
   - a Esra und Jonas.
   - b Jonas und Leo.
   - c Leo und Esra.

Neu hier? | Meine Klasse | Tiere

Name	Klasse	Datum

Punkte | 45

03 **1**   Spielen wir Volleyball? Lies die Fragen und Antworten. | 6
Hör den Dialog und kreuze an. Du hörst den Dialog zweimal.

1. **Woher kommt Elisabeth?**
   Elisabeth kommt …
   a aus Deutschland.
   b aus Dresden.
   c aus Portugal.

2. **Wo wohnt Franz?**
   Franz wohnt …
   a in Portugal.
   b in Dresden.
   c in Dortmund.

3. **Was mag Elisabeth?**
   Elisabeth mag …
   a Gitarre spielen und
     Tischtennis.
   b Hunde und Volleyball.
   c Volleyball und Fußball.

4. **Was mag Franz?**
   Franz mag …
   a Tischtennis.
   b Fußball.
   c Hunde.

5. **Was macht Elisabeth am Nachmittag?**
   Elisabeth spielt …
   a Volleyball.
   b Fußball.
   c Gitarre.

6. **Wie ist Elisabeths Telefonnummer?**
   Elisabeths Telefonnummer
   ist …
   a 0157 737 78 89.
   b 0177 274 51 21.
   c 0157 277 71 21.

2   Tiere: Ergänze die Sätze. | 4

Vogel – süß – Afrika – Lieblingstiere

1. Ich mag Katzen sehr. Katzen sind meine _____.

2. Timo hat einen _____. Das ist ein Papagei. Er heißt Bülbül.

3. Ich habe eine kleine Katze. Sie ist _____.

4. Elefanten kommen aus _____.

3   Tiere beschreiben: Ergänze die Wörter. | 6

blau – schnell – grau – klein – weiß – rot

Mäuse und Elefanten sind _____ [1].

Mäuse sind _____ [2] und Elefanten sind groß.

Pferde und Kühe sind auch groß.
Kühe sind schwarz und _____ [3] oder braun. Pferde sind stark und _____ [4].

Papageien und Wellensittiche sind schön.
Sie haben viele Farben: grün, gelb,
_____ [5], _____ [6].

4   Paula: Lies den Text. Richtig oder falsch? Kreuze an! | 8

Paula kommt aus Wien und wohnt jetzt in München. Sie ist 13 Jahre alt. Sie ist in Klasse 7. Sie mag Geschichte und Kunst. Mathe mag sie nicht.
Paula mag Tiere. Sie hat ein Kaninchen. Es ist ein Jahr alt. Es ist braun und ganz lieb. Es mag Karotten und Salat. Paula mag auch Hunde und Katzen.

Paula hat einen Freund. Er heißt Martin. Er kommt aus Deutschland und wohnt auch in München. Er ist 12 Jahre alt. Martin hat keine Haustiere, aber er mag Hunde. Paula und Martin machen viel zusammen. Sie mögen Sport und Musik. Sie spielen gern Volleyball und Gitarre. Martin mag auch Tennis und Karate.

	richtig	falsch
1. Paula kommt aus München.	☐	☐
2. Paula ist Schülerin.	☐	☐
3. Paula hat ein Haustier.	☐	☐
4. Paula mag Salat und Karotten.	☐	☐
5. Martin hat einen Hund.	☐	☐
6. Das Kaninchen heißt Martin.	☐	☐
7. Paula und Martin spielen zusammen Tennis.	☐	☐
8. Martin mag Sport.	☐	☐

5 Facebook-Chat: Ein Facebook-Freund schreibt eine Nachricht.
Er hat viele Fragen. Du bist Kim. Schreib eine Antwort (ca. 30 Wörter)!

| 9

Hallo, Kim!
Wie geht's? Ich bin Lukas. Wie alt bist du?
Woher kommst du? Wo wohnst du?
Hast du ein Haustier? Wie heißt dein Haustier?
Hast du Freunde? Was machst du mit deinen
Freunden?
Tschüs, Lukas

Kim 🗖

↗ ✕

_____

_____

_____

_____

_____

_____

_____

_____

_____

_____

_____

6 Vorlagen für den Test der Fertigkeit Sprechen | 12

Aufwärmen		Begrüßung; Wie geht's dir?
Hauptteil	Informationen zur Person	Wie heißt du? Wie schreibt man das? Buchstabiere bitte. Woher kommst du? Wie alt bist du? Wo wohnst du? Wie ist deine Telefonnummer? Hast du Freunde (einen Freund/eine Freundin)? Wie heißt er/sie? Wie alt ist er/sie?
	Schule	Wie heißt deine Schule? Bist du in Klasse …? Hast du heute Bio/Mathe/Geschichte/Kunst/Sport/Englisch …? Magst du …? Was sind deine Schulsachen?
	Hobbys	Hast du Hobbys? Was magst du? Magst du Schwimmen/Fußball/Gitarre spielen …? Was machst du mit deinem Freund/deiner Freundin zusammen?
	Haustiere	Hast du Haustiere? Wie heißt dein Haustier? Wie alt ist es? Was ist dein Lieblingstier?
	Rollenspiel	Jetzt spielen wir einen Dialog. Wir spielen ein Interview für eine Anmeldung in der Schule. Du bist Lehrer/Lehrerin. Ich bin ein Schüler/eine Schülerin. Ich bin neu hier. Ich möchte mich in der Wilhelm-Busch-Abendschule anmelden und du stellst Fragen zu Name, Adresse, Land, Alter, Telefonnummer.
Abkühlen		Was machst du jetzt? Verabschiedung

✂ -

Karte für das Rollenspiel

> Anmeldung: Wilhelm-Busch-Abendschule
>
> Vorname   Alter
> Name   Telefon
> Adresse
> Land

Mein Tag

Name		Klasse	Datum

Punkte | 30

1 Anzeigen: Lies die Anzeigen. Beantworte die Fragen. Markiere die Lösung. | 6

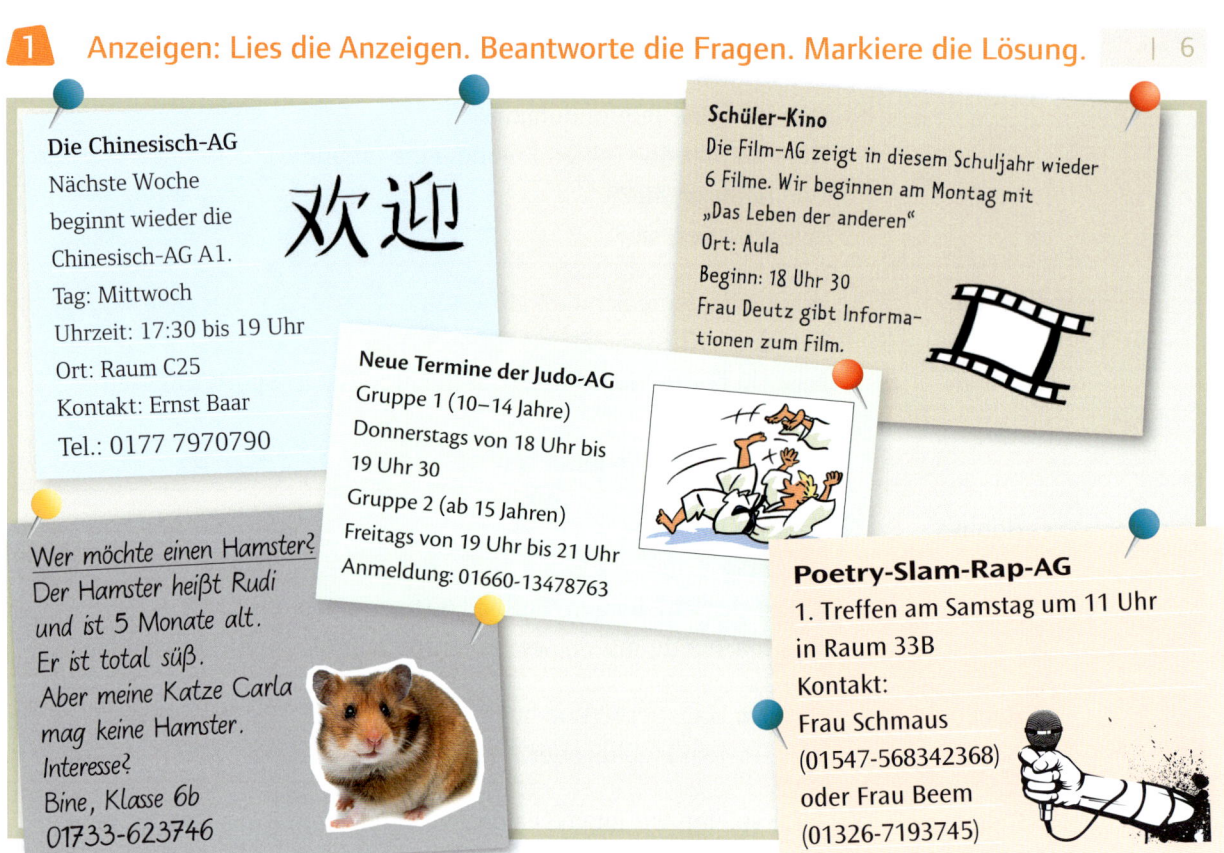

Die Chinesisch-AG
Nächste Woche
beginnt wieder die
Chinesisch-AG A1.
Tag: Mittwoch
Uhrzeit: 17:30 bis 19 Uhr
Ort: Raum C25
Kontakt: Ernst Baar
Tel.: 0177 7970790

欢迎

Schüler-Kino
Die Film-AG zeigt in diesem Schuljahr wieder
6 Filme. Wir beginnen am Montag mit
„Das Leben der anderen"
Ort: Aula
Beginn: 18 Uhr 30
Frau Deutz gibt Informationen zum Film.

Neue Termine der Judo-AG
Gruppe 1 (10–14 Jahre)
Donnerstags von 18 Uhr bis
19 Uhr 30
Gruppe 2 (ab 15 Jahren)
Freitags von 19 Uhr bis 21 Uhr
Anmeldung: 01660-13478763

Wer möchte einen Hamster?
Der Hamster heißt Rudi
und ist 5 Monate alt.
Er ist total süß.
Aber meine Katze Carla
mag keine Hamster.
Interesse?
Bine, Klasse 6b
01733-623746

Poetry-Slam-Rap-AG
1. Treffen am Samstag um 11 Uhr
in Raum 33B
Kontakt:
Frau Schmaus
(01547-568342368)
oder Frau Beem
(01326-7193745)

1. **Wie alt ist Rudi?**
   Rudi ist …
   a sechs Jahre alt.
   b fünf Monate alt.
   c siebzehn Tage alt.

2. **Von wann bis wann ist die Chinesisch-AG?**
   Die Chinesisch-AG ist …
   a von halb sechs bis sieben Uhr abends.
   b von sechs Uhr bis halb acht abends.
   c von sieben bis neun Uhr abends.

3. **Wie viele Stunden hat Gruppe 2 die Judo-AG?**
   Gruppe 2 hat die Judo-AG …
   a zwei Stunden.
   b eine Stunde.
   c drei Stunden.

4. **Wann beginnt die Film-AG?**
   Die Film-AG beginnt am …
   a Samstag.
   b Donnerstag.
   c Montag.

5. **Um wie viel Uhr beginnt die Poetry-Slam-Rap-AG?**
   Die Poetry-Slam-Rap-AG beginnt um …
   a elf Uhr.
   b achtzehn Uhr.
   c siebzehn Uhr.

6. **Was ist „Das Leben der anderen"?**
   „Das Leben der anderen" ist …
   a ein Poetry-Slam.
   b ein Film.
   c eine AG.

2 Wie viel Uhr ist es? Ordne die Sätze den Bildern zu. | 6

A ☐ `07:30`   D ☐ `12:05`

B ☐ `18:00`   E ☐ `20:50`

C ☐ `03:45`   F ☐ `10:15`

1. Es ist um sechs Uhr abends.
2. Ich habe um halb acht Schule.
3. Es ist Viertel nach zehn vormittags.

4. Es ist zehn vor neun.
5. Es ist Viertel vor vier.
6. Es ist fünf nach zwölf.

3 Zu Hause und in der Schule: Ergänze die Wörter. | 10

Abend – Viertel – Uhr – Lieblingsfach – halb – Wecker – Stunden – Mittagspause – Montags – Hausaufgaben

Mein _____[1] klingelt um 7 _____[2].

_____[3] vor 8 fahre ich zur Schule.

Heute ist Montag. _____[4] habe ich 4 _____[5] Unterricht.

Mein _____[6] ist Musik.

Um 13 Uhr habe ich _____[7].

Gegen _____[8] drei bin ich wieder zu Hause.

Am _____[9] mache ich _____[10]. Ich bin fleißig.

4 Mein Tag: Ergänze die Wörter. | 8

1. Hallo, mein Name i_____ Hasret Özöglu. Ich wohne in der Türkei, in Ankara.

2. Ich ha_____ von Montag bis Freitag Schule.

3. Mein Wecker kling_____ um 6 Uhr.

4. Um 7:15 Uhr kom_____ der Schulbus und ich fahre zur Schule.

5. Meine Schule begin_____ jeden Tag um 8 Uhr. Um 17 Uhr bin ich zu Hause.

6. Dann lerne ich noch eine Stunde und dann ha_____ ich Freizeit.

7. Am Wochenende ma_____ ich nicht viel.

8. Am Sonntag bl_____ ich zu Hause und habe Zeit für Bülbül.

Mein Tag | Hobbys

Name		Klasse	Datum

Punkte | 35

04 ▸ **1** Was kannst du gut? Lies zuerst die Fragen und Antworten. | 8
Hör den Dialog und notiere L (Lara) oder P (Paul). Du hörst den Dialog zweimal.

1. Was kann Lara und was kann Paul gut?

_____ Radfahren   _____ Malen   _____ Laufen   _____ Kochen

2. Was kann Lara nicht und was kann Paul nicht so gut?

_____ Tanzen   _____ Fußball spielen   _____ Reiten   _____ Ski fahren

2 Hobbys und Freizeit: Lies die Sätze und ordne die Bilder zu. | 12

A

B

C

D

E

F

G

H

I

J

K

L

1. Elija mag gern Computer spielen. ☐

2. Hanna spielt gern Karten. ☐

3. Nina hört gern Musik. ☐

4. Emilia mag gern Freunde treffen. ☐

5. Jan spielt gern Flöte. ☐

6. Steffi kann gut singen. ☐

7. Becci bastelt oft. ☐

8. Sven liebt schwimmen. ☐

9. Simon mag fernsehen. ☐

10. Nina und Nora gehen oft shoppen. ☐

11. Sonja und Sina tanzen gern. ☐

12. Hannes chattet gern mit Freunden. ☐

3   Kommst du mit? Lies den Dialog und beantworte die Fragen. | 6

Pia: Hallo Anna, sag mal, hast du Lust, mit mir ins Kino zu gehen?

Anna: Mhh, ich mag nicht so gern ins Kino gehen …

Pia: Und Tennis spielen? Magst du Tennis spielen?

Anna: Nein, ich kann nicht so gut Tennis spielen. Ich mag lieber Fußball spielen. Und du? Magst du auch Fußball, Pia?

Pia: Ja, schon, aber ich kann nicht so gut Fußball spielen. Wann spielst du Fußball?

Anna: Nachmittags, nach der Schule, gegen 16:00 Uhr.

Pia: Nachmittags habe ich Zeit, aber ich muss um 19:00 Uhr zu Hause sein.

Anna: Okay, wir spielen immer von 16:00 Uhr bis 18:00 Uhr Fußball. Kommst du am Dienstag mit?

Pia: Nein. Da gehe ich Schwimmen. Ich mag Schwimmen. Am Mittwoch habe ich Zeit.

Anna: Mhm, am Mittwoch habe ich keine Zeit. Ich mag gerne Klavier spielen und habe am Mittwoch Unterricht.

Pia: Und am Donnerstag?

Anna: Ja, am Donnerstag Nachmittag habe ich Zeit. Bis 15:30 Uhr bin ich in der Schule.

Pia: Gut, dann hole ich dich ab.

Anna: Wann kommst du?

Pia: Um 15:30 Uhr.

Anna: Prima. Dann bis Donnerstag! Tschüs.

Pia: Tschüs.

1. **Was macht Anna nicht so gern?**
   Sie mag nicht so gern …
   - a einkaufen gehen.
   - b ins Kino gehen.
   - c in die Schule gehen.

2. **Was kann Anna nicht so gut?**
   Sie kann nicht so gut …
   - a Fußball spielen.
   - b Schwimmen.
   - c Tennis spielen.

3. **Wann treffen sich Anna und Pia?**
   Sie treffen sich um …
   - a halb drei.
   - b halb vier.
   - c halb fünf.

4. **Wo treffen sich Anna und Pia?**
   Sie treffen sich …
   - a zu Hause.
   - b im Kino.
   - c in der Schule.

5. **Wie viele Hobbys hat Anna?**
   Sie hat …
   - a ein Hobby.
   - b zwei Hobbys.
   - c drei Hobbys.

6. **Über was sprechen Anna und Pia?**
   Sie sprechen über …
   - a Schule.
   - b Filme.
   - c Sport.

4 Ein Tag in deiner Woche: Mach eine Präsentation.
Schreibe Sätze für die Power-Point-Folien (ca. 30 Wörter).

| 9

1 Dein Name und deine Hobbys

Das bin ich!

Eine Präsentation von

_____

2 Deine Schule

3 Deine Lieblingsfächer

4 Ein Tag in der Schule

Meine Familie

Name		Klasse	Datum

Punkte | 30

05 **1** Familienfoto: Lies die Fragen und Antworten. Hör den Text. | 8
Kreuze a, b oder c an. Du hörst den Text zweimal.

1. Wie alt ist Paula?
Sie ist …
a 12 Jahre alt.
b 13 Jahre alt.
c 14 Jahre alt.

2. Wo steht Paula auf dem Foto?
Sie steht …
a links.
b rechts.
c in der Mitte.

3. Wie heißen Paulas Eltern?
Sie heißen …
a Jan und Katja.
b Janis und Laura.
c Jens und Kathrin.

4. Wie lange sind Paulas Eltern verheiratet?
Sie sind …
a 20 Jahre verheiratet.
b 2 Jahre verheiratet.
c 9 Jahre verheiratet.

5. Was ist Paulas Mama von Beruf?
Sie ist …
a Pilotin.
b Ärztin.
c Lehrerin.

6. Wie viele Geschwister hat Paula?
Sie hat …
a zwei Geschwister.
b drei Geschwister.
c vier Geschwister.

7. Wie sieht Paulas Schwester Ruth aus?
Sie ist …
a freundlich.
b cool.
c süß.

8. Was beschreibt Paula?
Sie beschreibt …
a Geschwister und Eltern.
b Großeltern.
c Kinder.

2 Familie und Berufe: Sieh die Bilder an und ergänze die Sätze. | 12

Mechaniker – Onkel – Ingenieurin – Opa – Schülerin – Rentner – Cousin – Ärztin – Polizist – Schwester – Oma – Cousine

Deine Mutter hat einen Vater.

Das ist dein _____ 1.

Er ist _____ 2.

Dein Vater hat einen Bruder.

Das ist dein _____ 3.

Er ist _____ 4.

Deine Eltern haben eine Tochter.

Das ist deine _____ 5.

Sie ist _____ 6.

Deine Mutter hat eine Mutter.

Das ist deine _____ 7.

Sie ist _____ 8.

Der Bruder deines Vaters hat eine Tochter.

Das ist deine _____ 9.

Sie ist _____ 10.

Der Bruder deiner Mutter hat einen Sohn.

Das ist dein _____ 11.

Er ist _____ 12.

3 Meine Familie: Ergänze die Lücken. | 10

1. M_____ Bruder heißt Karl.

2. Er ist Pil_____ von Beruf.

3. Er hat eine Frau. Sie ist Verkäuf_____.

4. U_____ Mutter heißt Kathrin.

5. Sie ist Lehr_____ an einer Schule.

6. Und u_____ Vater heißt Klaus.

7. Er ist auch Lehr_____.

8. U_____ Großeltern heißen Bernd und Karla.

9. Sie sind schon Rentn_____.

10. I_____ Hund heißt Bella.

Neu hier? | Meine Klasse | Tiere | Mein Tag | Hobbys | Meine Familie | Was kostet das?

| Name | Klasse | Datum |

Punkte | 35

06 **1** Franzis Telefonnachrichten: Lies die Sätze 1–5. Hör die Nachrichten und kreuze an: richtig oder falsch. Du hörst die Nachrichten zweimal. | 5

	richtig	falsch
1. Franzi und Susi brauchen morgen Kleber und Bleistift.	☐	☐
2. Franzi mag basteln.	☐	☐
3. Melanie ist Franzis Schwester.	☐	☐
4. Der Film kostet 12 €.	☐	☐
5. Franzi möchte Hannes im Kino treffen.	☐	☐

2 Die Neumanns: Lies den Text und beantworte die Fragen. Kreuze an: a,b,c. | 9

Hallo,

ich heiße Kai und bin 13 Jahre alt. Auf dem Foto seht ihr meine Familie. Hinten seht ihr meine Eltern Anna und Lars. Sie sind 12 Jahre verheiratet. Meine Mama macht gern Sport. Sie kann gut Tennis spielen und reiten. Sie ist Ärztin. Mein Papa mag Sport nicht. Er ist Mechaniker, spielt gern Karten und trifft oft Freunde.

1. **Wie lange sind Kais Eltern verheiratet?**

   Sie sind …

   a zwanzig Jahre verheiratet.

   b zwölf Jahre verheiratet.

   c dreizehn Jahre verheiratet.

2. **Was mag Kais Mama?**

   Sie mag …

   a Karten spielen.

   b Freunde treffen.

   c Tennis spielen.

3. **Was ist Kais Papa von Beruf?**

   Er ist …

   a Musiker.

   b Mechaniker.

   c Mathematiker.

Vorn im Bild seht ihr meine Geschwister Leonie und Paul. Paul geht auf ein Musik-Gymnasium. Wir machen oft zusammen Musik. Er spielt Klavier und ich spiele Flöte.

Ich habe noch einen Bruder Jan, zwei Cousins und eine Cousine. Mein Bruder Jan wohnt nicht zu Hause und studiert Mathe. Ich kann Mathe nicht so gut. Ich mag Englisch und Französisch.

Rechts und links im Bild sind meine Großeltern. Mein Opa ist schon 69 und meine Oma 63 Jahre alt. Ich mag meinen Opa sehr gern. Er holt mich jeden Tag von der Schule ab und dann kauft er mir Kaugummis am Kiosk.

Kai

---

4. **Was machen Paul und Kai zusammen?**

   Sie machen zusammen …

   a Musik.

   b Mathe.

   c Sport.

5. **Wie viele Brüder hat Kai?**

   Er hat …

   a einen Bruder.

   b zwei Brüder.

   c drei Brüder.

6. **Was ist Kais Lieblingsfach?**

   Er mag …

   a Mathe.

   b Englisch.

   c Musik.

7. **Wie alt ist Kais Opa?**

   Er ist …

   a einundsechzig Jahre alt.

   b dreiundsechzig Jahre alt.

   c neunundsechzig Jahre alt.

8. **Was macht Kais Opa für Kai?**

   Kais Opa …

   a spielt mit ihm Karten.

   b kauft ihm Kaugummis.

   c holt Leonie von der Schule ab.

9. **Was beschreibt Kai?**

   Er beschreibt …

   a seinen Tag.

   b sein Gymnasium.

   c seine Familie.

3 Eine Brieffreundschaft: Dein Brieffreund Stefan schreibt dir eine E-Mail. | 9
Beantworte sie. Schreibe ca. 30 Wörter.

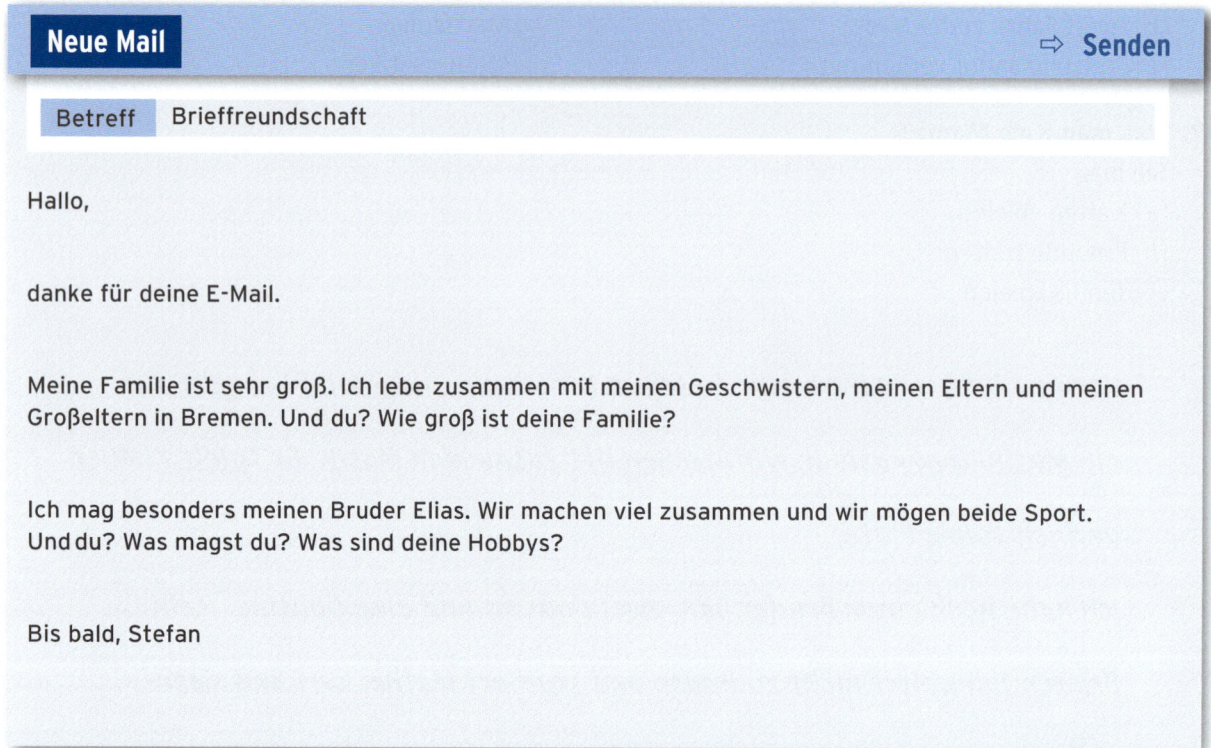

Neue Mail   ⇨ **Senden**

Betreff Brieffreundschaft

Hallo,

danke für deine E-Mail.

Meine Familie ist sehr groß. Ich lebe zusammen mit meinen Geschwistern, meinen Eltern und meinen Großeltern in Bremen. Und du? Wie groß ist deine Familie?

Ich mag besonders meinen Bruder Elias. Wir machen viel zusammen und wir mögen beide Sport. Und du? Was magst du? Was sind deine Hobbys?

Bis bald, Stefan

Neue Mail   ⇨ **Senden**

An   stefanmünch@hausen.de

Betreff AW: Brieffreundschaft

_____

_____

_____

_____

_____

_____

_____

_____

4 Vorlagen für den Test der Fertigkeit Sprechen | 12

Aufwärmen		Begrüßung; Wie geht's dir? Was hast du heute nach Deutsch? Magst du … (Schulfach)? Hast du heute Sport? Magst du Sport?
Hauptteil	Informationen zur Person	Hast du Freunde (einen Freund/eine Freundin)? Wie heißt er/sie? Kannst du das buchstabieren? Woher kommt er/sie? Wie alt ist er/sie? Wo wohnt er/sie? Was ist seine/ihre Telefonnummer?
	Mein Tag	Wie heißt deine Schule? Bist du in Klasse …? Wann fährst du zur Schule? Was ist dein Lieblingsfach? Wann hast du Englisch/Sport/Mathe …? Was sind deine Schulsachen? Wann kommst du nach Hause? Wann machst du Hausaufgaben?
	Hobbys	Was sind deine Hobbys?/Was magst du?/Was machst du gern?/ Magst du Schwimmen/Fußball/Gitarre spielen …? Was machst du mit deinem Freund/deiner Freundin zusammen?
	Familie	Wie heißen deine Eltern? Wie heißen deine Geschwister? Hast du Großeltern? Wie heißen sie? Wie alt sind sie? Was sind deine Eltern von Beruf? Was machen deine Geschwister in der Freizeit?
	Rollenspiel (Was kostet das?)	Jetzt spielen wir einen Dialog. Du hast 10 Euro Taschengeld und möchtest viel kaufen (dem Lerner Karte für das Rollenspiel geben): Kaugummis, eine Cola, die „Tageszeitung" und etwas Süßes. Ich verkaufe dir die Sachen.
Abkühlen		Was machst du jetzt? Siehst du heute deine Freunde? Was machst du mit deinen Freunden zusammen? Verabschiedung

 -

Karte für das Rollenspiel

Einkaufsliste

Kaugummis
Cola
„Tageszeitung"
etwas Süßes (Schokolade? Gummibärchen?)

Mein Zimmer

Name		Klasse	Datum

Punkte | 30

07 **1** Mein Traumzimmer: Lies die Fragen und die Antworten. | 5
Hör den Text und markiere die Lösungen. Du hörst den Text zweimal.

1. **Wie ist das Traumzimmer?** Es ist …
   a groß. b schön. c hell.

2. **Welche Farbe hat das Bett?** Es ist …
   a rot. b gelb. c grün.

3. **Wo stehen die Pflanzen?** Sie stehen …
   a am Fenster. b an der Wand. c im Regal.

4. **Welche Möbel hat Lisa?** Sie hat …
   a zwei Tische. b einen Schrank. c drei Sessel.

5. **Was hängt an der Wand?** An der Wand hängt …
   a ein Bild. b eine Lampe. c ein Regal.

2 Mein Zimmer: Sieh das Bild an und ergänze den Text. | 8

Regal – Lampe – Schrank –
Möbel – Boden –
Papierkorb – Wand –
Schreibtisch

1. In meinem Zimmer sind viele _____.

2. Die _____ steht neben der Couch.

3. Die Couch steht an der _____.

4. Über der Couch hängen zwei Poster und ein _____.

5. Der Teppich liegt auf dem _____ neben dem Sessel.

6. Der _____ steht rechts neben dem Fenster.

7. Die Katze ist unter dem _____.

8. Der _____ steht auf dem Teppich. Auf der Couch liegen Kleider.

   Mein Zimmer ist nicht sehr ordentlich.

3 Präpositionen: Ordne die Bilder den Sätzen zu. | 5

| A | B | C | D | E |

1. Die Katze liegt unter dem Sessel. ☐

2. Die Katze sitzt zwischen den Sesseln. ☐

3. Die Katze liegt neben dem Sessel. ☐

4. Die Katze sitzt auf dem Sessel. ☐

5. Die Katze hängt über dem Sessel. ☐

4 Anweisungen und Bitten: Ergänze die Verben. | 6

Zu Hause

1. Mama: Tim, ma_____ bitte die Musik leiser.

2. Mama: Lisa, räu_____ bitte dein Zimmer auf.

In der Schule

3. Lehrer: Nina, spr_____ laut, bitte.

4. Lehrerin: Ste_____ bitte alle auf.

5. Schülerin: Geb_____ Sie bitte keine Hausaufgaben.

6. Schüler: Wiederhol_____ Sie, bitte.

5 Tätigkeiten zu Hause: Ergänze die richtige Form von *müssen*. | 6

1. Ich _____ oft mein Zimmer aufräumen.

2. Meine Schwester _____ immer die Katze füttern.

3. Anja und Thomas _____ fast nie in der Küche helfen.

4. Du _____ nie sauber machen.

5. Ihr _____ nie früh ins Bett gehen.

6. Wir _____ einkaufen gehen.

Das schmeckt gut

Name		Klasse	Datum

Punkte | 30

1 Neue Mail: Lies die E-Mail und kreuze an: a, b oder c. | 5

Neue Mail ⇨ **Senden**

Liebe Mia,

wie geht es dir? Mir geht es gut. Du fragst, was ich esse. Ich esse jeden Morgen Brötchen mit Butter und Käse. Wir Berliner sagen zu Brötchen „Schrippen". In Süddeutschland und Österreich sagt man „Semmel" und in der Schweiz „Weggli".

Ich esse am liebsten Currywurst mit Pommes, eine Berliner Spezialität. Zum Abendessen kocht meine Mama montags bis mittwochs oft Fleisch mit Gemüse und Kartoffeln. Meine Schwester kocht donnerstags. Sie kocht am liebsten vegetarisch und mag Käsefondue. Am Wochenende kocht mein Vater. Er kocht am liebsten Wiener Schnitzel mit Kartoffelsalat. Ich koche freitags immer Nudeln.

Was isst man gerne in deiner Heimat? Was isst du am liebsten?

Liebe Grüße aus Berlin,

Daniel

1. **Wie nennt man das Brötchen in der Schweiz?**

   Man nennt es …
   - a Weggli.
   - b Semmel.
   - c Schrippen.

2. **Woher kommt Daniel?**

   Er kommt …
   - a aus der Schweiz.
   - b aus Berlin.
   - c aus Süddeutschland.

3. **Was isst Daniel am liebsten?**

   Er isst am liebsten …
   - a Currywurst mit Pommes.
   - b Wiener Schnitzel.
   - c Käsefondue.

4. **Wer kocht vegetarisch?**

   Vegetarisch kocht Daniels …
   - a Schwester.
   - b Vater.
   - c Mutter.

5. **Wann kocht Daniel?**

   Er kocht …
   - a donnerstags.
   - b montags.
   - c freitags.

2 Fragen über Fragen: Ordne zu. | 4

1. Was trinkst du lieber zum Frühstück,   a kochen?
2. Was ist dein   b Tee oder Kaffee?
3. Kannst du   c Lieblingsessen?
4. Isst du zum Abendessen lieber   d Gemüse oder Fleisch?

3 Das schmeckt gut: Was isst Jonas? Ergänze die Sätze. | 10

Jeden Morgen trinke ich ein Glas M_____ [1]

und esse M_____ [2].

In der Pause esse ich meistens einen J_____ [3]

und etwas O_____ [4].

Mittags gibt es oft K_____ [5] mit G_____ [6].

Abends esse ich B_____ [7] mit M_____ [8],

K_____ [9] oder W_____ [10].

4 Ein Interview: Ergänze indefinite Artikel. Schreibe X für *kein Artikel*. | 8

■ Was isst du zum Frühstück?

● Ich esse jeden Tag Brötchen mit _____ [1] Nutella.

■ Und was trinkst du?

● Zum Frühstück trinke ich am liebsten _____ [2] Tasse Kaffee mit _____ [3] Milch
und _____ [4] Glas Saft.

■ Was isst du in der Pause?

● Ich esse _____ [5] Apfel oder _____ [6] Joghurt.

■ Isst du gerne _____ [7] Fleisch?

● Ja, aber ich esse lieber _____ [8] Gemüse.

5 Gerne – lieber – am liebsten: Ergänze. | 3

lieber – liebsten – gerne

1. Isst du Fisch? – Fisch mag ich nicht so _____.

2. Magst du Tee _____ als Kaffee?

3. Ich esse gerne Obst.

   Am _____ esse ich Bananen.

Mein Zimmer | Das schmeckt gut | Meine Freizeit

| Name | | Klasse | Datum |

Punkte | 45

08 **1** Kinoprogramm: Lies die Fragen und Antworten.
Hör den Dialog und kreuze an. Du hörst den Dialog zweimal.

| 5

1. **Wann gehen Lisa und Tim ins Kino?**
   Sie gehen …
   - a morgen ins Kino.
   - b heute ins Kino.
   - c am Freitag ins Kino.

2. **Welchen Film sehen sie?**
   Sie sehen …
   - a James Bond.
   - b Das Wunder von Bern.
   - c Harry Potter 7.

3. **Wann fängt der Film an?**
   Er fängt um …
   - a 18:00 Uhr an.
   - b 19:30 Uhr an.
   - c 20:00 Uhr an.

4. **Wo treffen sich Tim und Lisa?**
   Sie treffen sich …
   - a vor dem Kino.
   - b vor dem Restaurant Italia.
   - c vor dem Café Antonia.

5. **Wo sehen Tim und Lisa den Film?**
   Sie sehen den Film im …
   - a Odeon-Kino.
   - b Regina-Kino.
   - c Atlantis-Kino.

2 Jahreszeiten und Monate: Ergänze die Wörter.

| 5

Der F_____[1] beginnt im März.

Der H_____[2] beginnt im September.

Sommer. Das sind die Monate Juni, J_____[3] und A_____[4].

Winter. Das sind die Monate Dezember, J_____[5] und Februar.

3 Interviews in der Schulkantine: Lies die Interviews und die Fragen. Markiere die Lösungen.

| 5

1 Max: Maja, Lena und Bernd, mögt ihr Käse?
Maja: Ich esse Käse gern. Ich mag am liebsten Camembert.
Bernd: Ich esse auch gern Käse. Ich mag auch Wurst.
Lena: Ich mag Käse nicht. Ich esse am liebsten Marmelade.

Wer mag Käse?
a Maja und Bernd.
b Lena und Bernd.
c Lena und Maja.

2 Herr Müller: Ich esse am liebsten Kartoffelsalat. Und du, Lena?
Lena: Ich esse am liebsten Spaghetti mit Tomatensauce und Käse.
                Ich mag Kartoffelsalat nicht. Was isst du gerne, Max?
Max: Ich esse auch gern Spaghetti. Aber am liebsten esse ich Käsesuppe.

Was isst Lena am liebsten? Sie isst am liebsten …
a Käsesuppe.
b Kartoffeln.
c Spaghetti.

3 Max: Isst du oft Kartoffeln?
Beate: Nein, ich mag Kartoffeln nicht. Ich esse oft Reis, manchmal auch Nudeln.

Was isst Beate oft? Sie isst oft …
a Kartoffeln.
b Nudeln.
c Reis.

4 Frau Schneider: Ich esse gern Obst. Am liebsten esse ich Erdbeeren.
                    Ananas mag ich aber nicht. Und du?
Lena: Ich esse am liebsten Äpfel.

Was ist das Lieblingsobst von Frau Schneider? Das Lieblingsobst von Frau Schneider …
a sind Erdbeeren.
b ist Ananas.
c sind Äpfel.

5 Maja: Ich esse zum Frühstück Müsli mit Obst und
          Joghurt. Und ihr?
Bernd: Ein Brötchen mit Nutella. Joghurt mag ich nicht.
Nicole: Ich esse einen Joghurt und einen Apfel.

Wer isst zum Frühstück Joghurt?
a Maja und Nicole.
b Bernd und Maja.
c Nicole und Bernd.

4 Aktivitäten: Ergänze die Sätze.

| 9

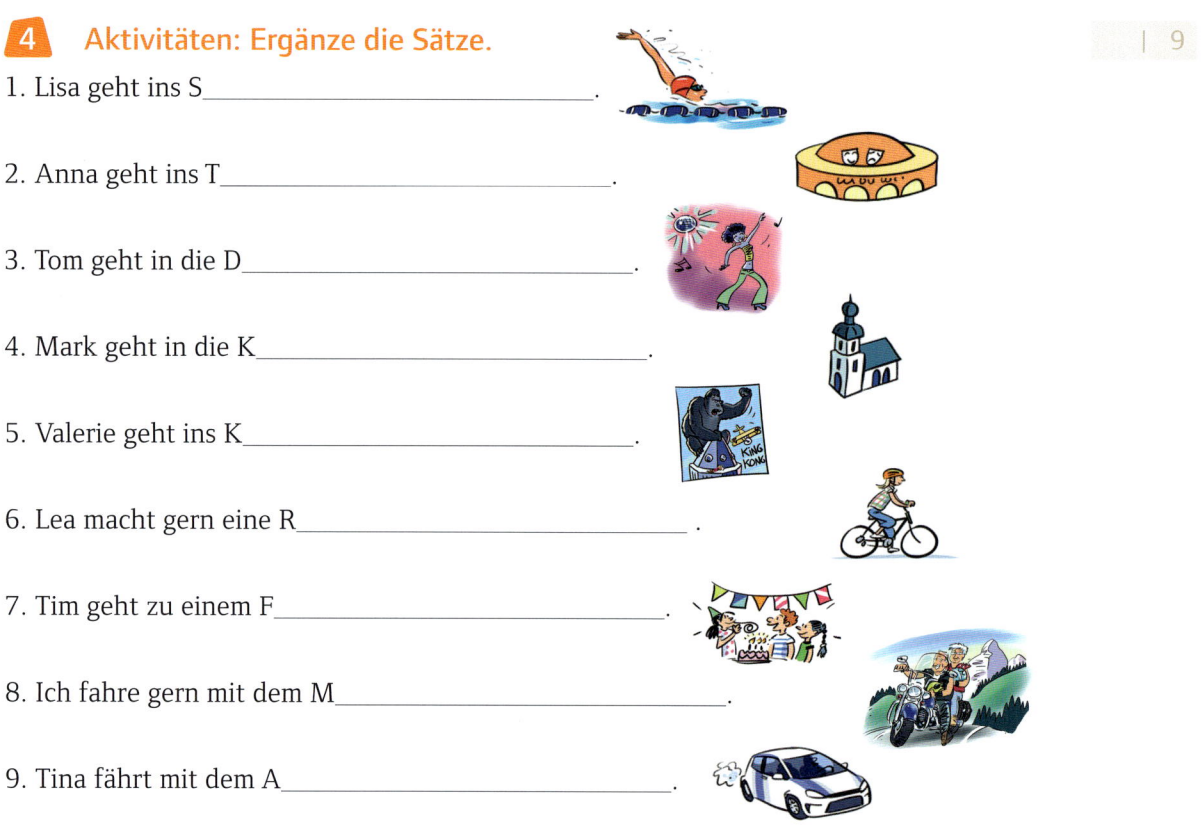

1. Lisa geht ins S_____.

2. Anna geht ins T_____.

3. Tom geht in die D_____.

4. Mark geht in die K_____.

5. Valerie geht ins K_____.

6. Lea macht gern eine R_____ .

7. Tim geht zu einem F_____.

8. Ich fahre gern mit dem M_____.

9. Tina fährt mit dem A_____.

5 Eine E-Mail: Deine japanische Freundin Mariko schreibt dir eine E-Mail. Antworte Mariko. Schreibe mindestens 30 Wörter.

| 9

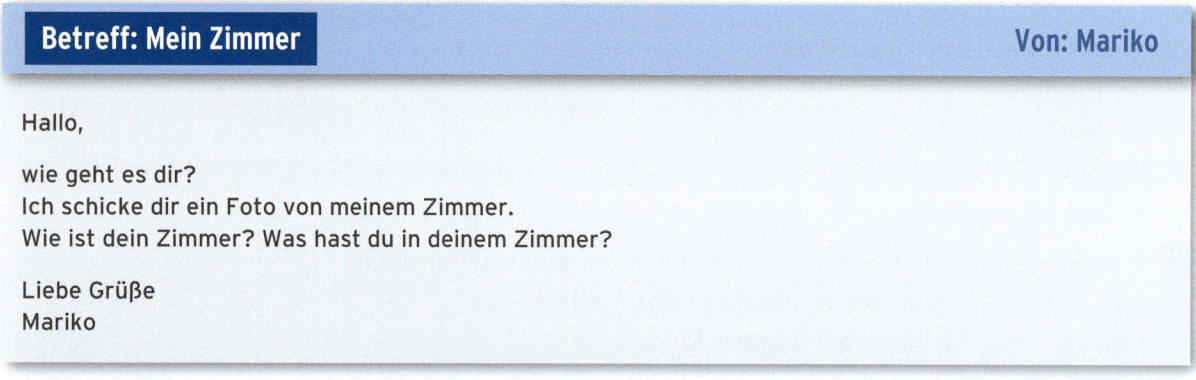

Betreff: Mein Zimmer   **Von: Mariko**

Hallo,

wie geht es dir?
Ich schicke dir ein Foto von meinem Zimmer.
Wie ist dein Zimmer? Was hast du in deinem Zimmer?

Liebe Grüße
Mariko

Neue Mail   ⇨ **Senden**

| An | mariko@japan.com |
| Betreff | Re: Mein Zimmer |

_____

_____

_____

_____

_____

6   Vorlagen für den Test der Fertigkeit Sprechen | 12

Aufwärmen		Begrüßung; Wie geht es dir? Wie heißt du? Woher kommst du? Wie alt bist du? Welchen Unterricht hast du heute?
Hauptteil	Wohnen	Was hast du in deinem Zimmer? Beschreibe dein Zimmer.
	Tätigkeiten zu Hause	Was musst du zu Hause tun? Wann musst du … tun?
	Essen	Was isst du gerne? zu Hause, in der Schule? Was isst man in deiner Heimat? Was isst man in Deutschland zum Frühstück?
	Freizeit	Was machst du in deiner Freizeit? Was sind deine Hobbys?
	Rollenspiel	Wir spielen jetzt einen Dialog. Du kommst nach Berlin und möchtest etwas essen. Du siehst einen Imbiss und möchtest eine Bratwurst kaufen. Ich verkaufe dir eine Bratwurst.
Abkühlen		Was machst du jetzt? Verabschiedung

✂ -

Karte für das Rollenspiel

Du kaufst eine Bratwurst am Imbiss.

Das sieht gut aus!

Name	Klasse	Datum

Punkte | 30

09 **1** Mode: Lies die Fragen und Antworten.
Hör den Text und markiere die Lösungen. Du hörst den Text zweimal. | 5

1. **Mit wem kauft Katja am liebsten ein?** Am liebsten kauft sie …
   a alleine ein. b mit ihrer Mutter ein. c mit Marie ein.

2. **Was kauft Katja gern?** Sie kauft gern …
   a Schuhe. b Jeans. c Blusen.

3. **Was macht Marie gern?** Marie …
   a hört gern Musik. b liest gern Modezeitschriften. c geht gern zum Arzt.

4. **Was mag Katjas Mutter?** Sie mag …
   a Mode. b Schuhe. c Musik.

5. **Wer findet Mode wichtig?**
   a Marie. b Katja. c Katjas Mutter.

2 Zu lang, zu eng, zu teuer: Ergänze das Gegenteil. | 4

1. Das T-Shirt ist zu lang, aber dieses T-Shirt ist zu k_____.

2. Die Hose ist viel zu eng, aber diese Hose ist zu w_____.

3. Die Turnschuhe finde ich zu teuer, aber diese Turnschuhe sind b_____.

4. Der Pullover ist viel zu groß, aber dieser Pullover ist zu k_____.

3 Schmerzen: Ordne die Bilder den Sätzen zu. | 4

A

B

C

D

1. Mein Kopf tut weh. ☐   3. Mein Bauch tut weh. ☐

2. Meine Hand tut weh. ☐   4. Mein Hals tut weh. ☐

4   Kleiderschrank: Sieh dir das Bild an und ergänze die Sätze. | 6

In meinem Kleiderschrank hängen mein M_____[1], mein P_____[2] und

meine J_____[3].

In meinem Kleiderschrank liegen meine S_____[4] und meine K_____[5].

In meinem Kleiderschrank stehen meine S_____[6].

5   Wie findest du …? Ergänze die Pronomen im Akkusativ. | 6

1. ■ Wie findest du den Pullover, Tanja?
2. ■ Nimmst du das Kleid?
3. ■ Wie findest du die Mützen?
4. ■ Ich möchte die Bluse da.
5. ■ Ich gehe ins Theater, kommst du mit?
6. ■ Was ist für _____ wichtig?

- Also, ich finde _____ zu weit.
- Natürlich nehme ich _____.
- Ich finde _____ blöd.
- Wie findest du _____?
- Ja, gerne. Holst du _____ ab?
- Für mich ist Mode wichtig.

6   Tun und tragen: Ergänze die Verben. | 5

1. Was tut dir weh? – Meine Ohren t_____ weh.
2. Was hast du? – Mein Rücken t_____ weh.
3. Was tr_____ du am liebsten? – Am liebsten eine Bluse und eine Hose.
4. Ich tr_____ gerne Jeans und ein T-Shirt.
5. Was tr_____ Mirja am liebsten? – Sie mag Kleider.

Das sieht gut aus! | Partys

Name		Klasse	Datum

Punkte | 35

10 ⏱ **1** Das war cool! Lies zuerst die Fragen und die Antworten. | 6
Hör den Dialog und kreuze an. Du hörst den Dialog zweimal.

1. **Wann war die Party zu Ende?**
   Sie war zu Ende um …
   a 21:00 Uhr.
   b 23:00 Uhr.
   c 1:00 Uhr.

2. **Warum war Anne zu Hause?**
   Anne …
   a hatte Halsschmerzen.
   b war sauer.
   c hatte Stress.

3. **Was war mit Nina?**
   Nina …
   a war schlecht drauf.
   b war krank.
   c war im Kino.

4. **Wer war noch da?**
   a Thomas war da.
   b Nils war da.
   c Diana war da.

5. **Wo waren die Eltern von Max?**
   Sie waren im …
   a Urlaub.
   b Kino.
   c Theater.

6. **Was erzählt Erik?**
   Er erzählt …
   a über ein Kino.
   b über sein Lieblingsessen.
   c über eine Party.

2   Mirjas Blog: Ergänze die Sätze. | 15

Mirjas Blog

Montag 20:25 Uhr

Morgen habe ich Geburtstag. Am Morgen frühstücke ich mit meiner Familie und am Abend gibt es eine große Geburtstagsp_____ [1].

Meine beste Freundin bringt die Musik mit. Meine Mama macht einen Geburtstagsku_____ [2] mit Obst und viel Schokolade.

Morgen steht eine Ker_____ [3] auf dem Tisch.

Es gibt auch schon ein Gesc_____ [4]. Es ist hü_____ [5] verpackt. Ich hoffe, es ist der Fo-toap_____ [6] oder ein Kleid. Ich bin so aufge_____ [7]!

Wir müssen viel vorber_____ [8]. Wir müssen noch Limon_____ [9], Cola und Orangensaft kaufen und Sal_____ [10] machen. Wir müssen das Geschirr ins Wohnz_____ [11] stellen.

Morgen singt meine Familie ein L_____ [12] für mich. Ich hoffe, ich bleibe gesund.

Letztes Ja_____ [13] war ich kr_____ [14]. Ich hatte die Gri_____ [15].

Jetzt dusche ich und dann schlafe ich.
Liebe Grüße und gute Nacht!

3 **Die Willkommensparty: Lies die E-Mail und beantworte die Fragen.** | 5

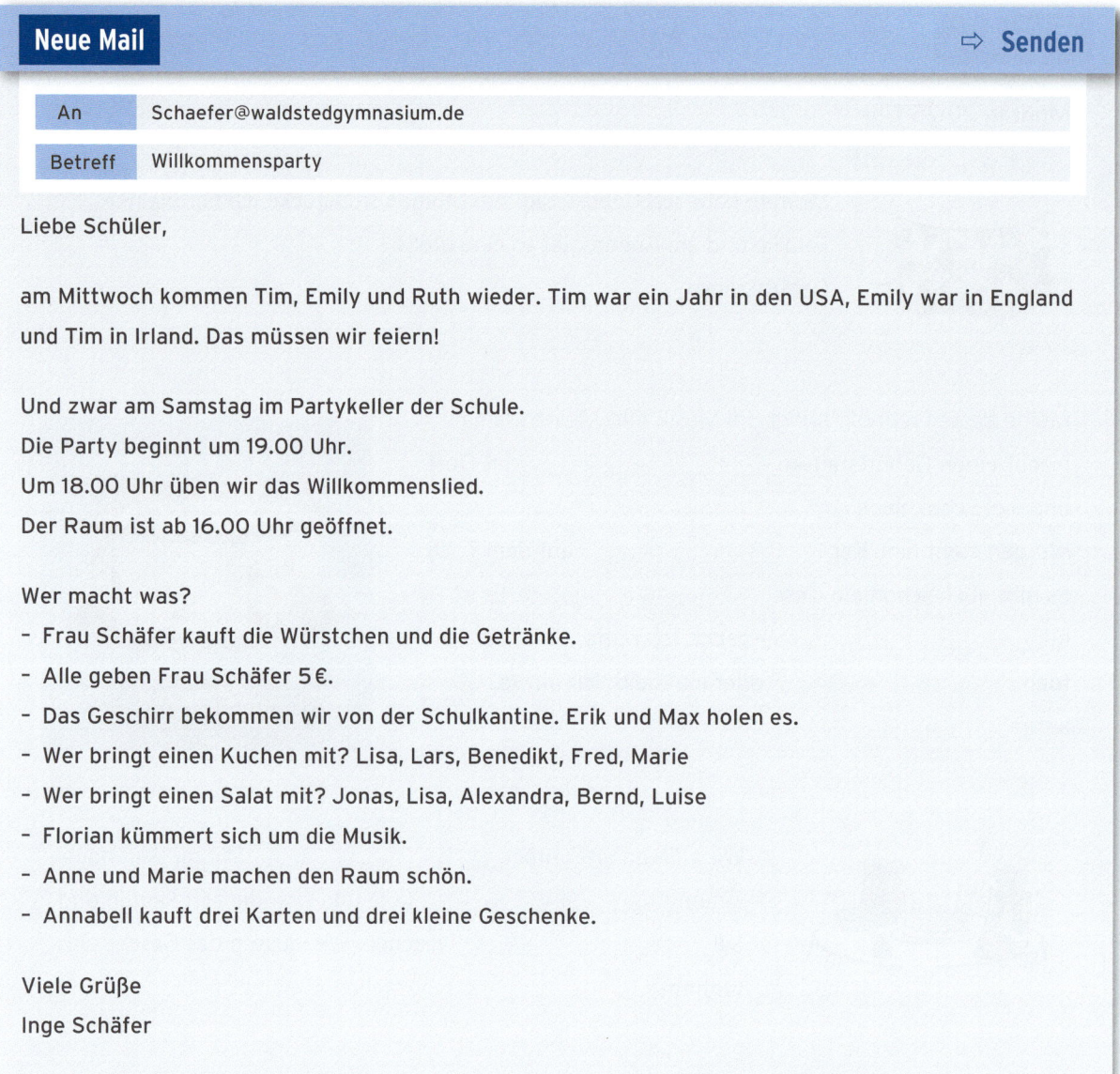

Neue Mail ⇨ **Senden**

| An | Schaefer@waldstedgymnasium.de |
| Betreff | Willkommensparty |

Liebe Schüler,

am Mittwoch kommen Tim, Emily und Ruth wieder. Tim war ein Jahr in den USA, Emily war in England und Tim in Irland. Das müssen wir feiern!

Und zwar am Samstag im Partykeller der Schule.
Die Party beginnt um 19.00 Uhr.
Um 18.00 Uhr üben wir das Willkommenslied.
Der Raum ist ab 16.00 Uhr geöffnet.

Wer macht was?
- Frau Schäfer kauft die Würstchen und die Getränke.
- Alle geben Frau Schäfer 5 €.
- Das Geschirr bekommen wir von der Schulkantine. Erik und Max holen es.
- Wer bringt einen Kuchen mit? Lisa, Lars, Benedikt, Fred, Marie
- Wer bringt einen Salat mit? Jonas, Lisa, Alexandra, Bernd, Luise
- Florian kümmert sich um die Musik.
- Anne und Marie machen den Raum schön.
- Annabell kauft drei Karten und drei kleine Geschenke.

Viele Grüße
Inge Schäfer

1. **Woher kommt Emily zurück?**
   Sie kommt zurück aus …
   a England.
   b Irland.
   c den USA.

2. **Wann ist der Partykeller offen?**
   Er ist offen ab …
   a sieben Uhr.
   b sechs Uhr.
   c vier Uhr.

3. **Was bringt Frau Schäfer mit?**
   Sie bringt …
   a Getränke mit.
   b Geschenke mit.
   c einen Salat mit.

4. **Was machen Erik und Max?**
   Erik und Max …
   a machen die Musik.
   b holen das Geschirr.
   c kaufen Geschenke.

5. **Wer macht einen Kuchen?**
   Einen Kuchen macht …
   a Florian.
   b Lars.
   c Bernd.

4 Greg schreibt dir eine E-Mail. Antworte ihm. Was möchtest du über Greg wissen? Formuliere zwei Fragen an Greg. Schreibe ca. 30 Wörter.

| 9

Betreff: Wie geht's?   **Von: Greg**

Hi,

wie geht es dir? Mir geht es gut. :)
Erzähl mal was von dir. Wie groß bist du? Wie sind deine Haare und deine Augen?
Was trägst du gerne?

Liebe Grüße,
Greg

Neue Mail   ⇨ **Senden**

An	Greg
Betreff	AW: Wie geht's?

Hi,

wie geht es dir? Mir geht es gut :)
Erzähl mal was von dir. Wie groß bist du? Wie sind deine Haare und deine Augen?
Was trägst du gerne?

Liebe Grüße,
Greg

Meine Stadt

Name	Klasse	Datum

Punkte | 30

 Zwischen Mainz und Wiesbaden: Lies den Text und beantworte die Fragen. | 6

Ich heiße Lilli und meine Stadt heißt Mainz. Mainz hat nur wenige Hochhäuser, aber viele historische Häuser: einen Dom, ein Schloss und viele Kirchen. Die Stephanskirche mit Fenstern von Mark Chagall ist sehr schön. Mainz hat auch einen Fluss. Er heißt Rhein. Auf dem Rhein kann man mit dem Schiff fahren. Auf der anderen Seite vom Rhein liegt die Stadt Wiesbaden. In Wiesbaden gibt es ein neues und ein altes Rathaus und die Marktkirche.

Ich gehe jeden Tag zu Fuß über die Brücke nach Wiesbaden. Dort ist meine Schule und dort wohnt meine Freundin Marie. Mein Bruder Jan fährt jeden Tag mit dem Auto nach Frankfurt. Er arbeitet am Flughafen. Frankfurt ist modern und hat viele Hochhäuser.

1. **Wo gibt es viele historische Gebäude?** Es gibt sie in …
   - [a] Mainz.
   - [b] Wiesbaden.
   - [c] Frankfurt.

2. **Wo sind die Fenster von Mark Chagall?** Sie sind in der …
   - [a] Marktkirche.
   - [b] Mark-Chagall-Kirche.
   - [c] Stephanskirche.

3. **Wie kommt Lilli zur Schule?** Sie kommt zur Schule …
   - [a] zu Fuß.
   - [b] mit dem Schiff.
   - [c] mit dem Auto.

4. **Wo ist Lillis Schule?** Sie ist in …
   - [a] Wiesbaden.
   - [b] Frankfurt.
   - [c] Mainz.

5. **Wo arbeitet Lillis Bruder?** Er arbeitet in …
   - [a] Wiesbaden.
   - [b] Frankfurt.
   - [c] Mainz.

6. **Was beschreibt Lilli?** Sie beschreibt …
   - [a] ihre Schule.
   - [b] ihre Stadt.
   - [c] ihre Freundin.

2 **Eine Stadtführung in Leipzig: Ergänze die Sätze.** | 5

Ich war in Leipzig und habe eine Stadtbes_____[1] gemacht. Leipzig ist

eine schöne Stadt. Es gibt einen internationalen Flugh_____[2] und einen

Bahn_____[3] in der Nähe vom Zen_____[4]. Die Altstadt ist

sehr schön. Johann Sebastian Bach hat in Leipzig gelebt und gearbeitet. Hier gibt es ein

Mu_____[5] über sein Leben. Es ist direkt neben einer alten Kirche.

3 Fremd in der Stadt: Wie muss man gehen? Ordne die Bilder den Sätzen zu. | 5

A   B   C   D   E

1. Geh geradeaus. ☐

2. Geh die dritte Straße links. ☐

3. Das Café ist auf der rechten Seite. ☐

4. Geh die zweite Straße rechts. ☐

5. Die Post ist links neben dem Café. ☐

4 Wie kommst du zur Schule? Sieh dir die Bilder an und ergänze die Sätze. | 4

dem Schiff – dem Bus – der U-Bahn – dem Zug

A   B   C   D

Wie kommst du zur Schule? – Mit

_____ .

Tom fährt mit

_____

über den Fluss.

Wie kommst du nach Hamburg? – Mit

_____ .

In Berlin fahre ich oft mit

_____ .

5 Über die Vergangenheit sprechen: Schreibe die Perfektform. | 6

1. Gestern habe ich Marie in der Stadt _____ (treffen).

2. Sie hat letzte Woche ihr Geld _____ (verlieren).

3. Ihr Vater hat das Geld _____ (finden).

4. Deshalb hat sie eine neue Tasche _____ (kaufen).

5. Wir haben zusammen ein Eis _____ (essen).

6. Danach waren wir im Kino und haben Harry Potter _____ (sehen).

6 Wie komme ich dahin? Ergänze die Kurzform. | 4

1. Wie komme ich (zu dem) _____ Bahnhof?

2. Wo ist Theo? Er ist (bei dem) _____ Rathaus.

3. Wie komme ich (zu der) _____ Brücke?

4. Sie kommt um sechs (von dem) _____ Büro nach Hause.

Mein Zimmer | Das schmeckt gut | Meine Freizeit | Das sieht gut aus! | Partys | Meine Stadt | Ferien

Name		Klasse	Datum

Punkte | 35

11 **1** Das macht Spaß: Lies die Fragen und Antworten. Du hörst drei Texte. | 5
Beantworte die Fragen. Du hörst jeden Text zweimal.

1. **Was fotografiert Johannes gerne?** Er fotografiert gerne …
   - a Menschen.
   - b Hunde.
   - c Berge.

2. **Was mag Johannes nicht?** Er mag …
   - a keine Bergtouren.
   - b Schwimmen nicht.
   - c Chillen nicht.

3. **Was macht Elisa am Dienstag?** Elisa …
   - a lernt für die Schule.
   - b geht shoppen.
   - c geht zur Jugendfeuerwehr.

4. **Was macht Julia am Donnerstag?** Julia …
   - a macht Yoga.
   - b geht aus.
   - c reitet.

5. **Was erzählen die Jugendlichen?** Sie erzählen über ihre …
   - a Freunde.
   - b Freizeit.
   - c Schulen.

12 **2** Ist es weit? Lies zuerst die Sätze. Du hörst ein Gespräch. | 3
Kreuze an: richtig oder falsch? Du hörst das Gespräch zweimal.

	richtig	falsch
1. Zum Schwimmbad fährt ein Bus.	☐	☐
2. Der Weg zum Schwimmbad ist zwei Minuten zu Fuß.	☐	☐
3. Das Schwimmbad ist in der Nähe vom Luisepark.	☐	☐

3   Ferienpostkarten: Lies die Postkarte. Markiere die Lösungen. | 6

10. Juli

Lieber Daniel, liebe Yasmin,

wir sind seit gestern Morgen in Wien. Zuerst sind wir ins Hotel gegangen. Dann haben wir eine Stadtrundfahrt gemacht. Super, die Hofburg, der Stephansdom … Am Nachmittag sind wir zum Prater gegangen.

Heute regnet es. Wir haben Museen und das Schloss Schönbrunn besucht. Und jetzt essen wir gerade Sachertorte im Café Sacher ;-). Das Café ist ganz in der Nähe von unserem Hotel.

Morgen fahren wir nach München und sehen uns ein Fußballspiel in der Arena an. Übermorgen geht es nach Hause ins schöne Hamburg.

Liebe Grüße und bis bald!

Anna & Tim

Daniel & Yasmin Mole
Haferstr. 12
20359 Hamburg
Deutschland

WIEN

1. Was haben Anna und Tim gestern zuerst gemacht? Sie sind zuerst …

   a zum Prater gegangen.   **b** ins Hotel gegangen.   **c** zum Stephansdom gegangen.

2. Was haben Anna und Tim heute gemacht? Sie haben heute …

   a eine Stadtrundfahrt gemacht.   **b** das Schloss besucht.   **c** die Arena gesehen.

3. Wo ist das Hotel? Es ist in der Nähe …

   a vom Stephansdom.   **b** vom Schloss.   **c** vom Café Sacher.

4. Was machen Anna und Tim morgen? Morgen …

   a geht es nach Hause.   **b** besuchen sie Museen.   **c** fahren sie in eine andere Stadt.

5. Wo wohnen Anna und Tim? Sie wohnen in …

   a Hamburg.   **b** Wien.   **c** München.

6. Über was schreiben Anna und Tim? Sie schreiben über …

   a ihr Zimmer im Hotel.   **b** ihren Urlaub in Wien.   **c** ihr Lieblingsessen.

4 Facebook: Kati hat dir eine Facebook-Nachricht geschrieben. Antworte ihr. Was möchtest du über Kati wissen? Stell ihr zwei Fragen. Schreibe ca. 30 Wörter.

| 9

Kati02

Du isst lieber Gemüse als Fleisch? Ich auch!
Und was isst du gerne zum Frühstück?
Wer kocht bei dir zu Hause?

Ich 🗖 ↗ ✕

5 Vorlagen für den Test der Fertigkeit Sprechen | 12

Aufwärmen		Begrüßung; Wie geht's dir? Welchen Unterricht hast du heute? Was hast du heute gegessen?
Hauptteil	Wohnen	Was hast du in deinem Zimmer? Beschreibe dein Zimmer.
	Meine Stadt	Was gibt es in deiner Stadt? Wie kommst du zur Schule? Wie lange brauchst du?
	Aussehen und Mode	Wie siehst du aus? Beschreibe dich. Was trägst du gerne?
	Ferien	Was machst du gerne in den Ferien? Fährst du in den Urlaub? Wohin fährst du? / Wohin möchtest du fahren? Wie lange fährst du weg? Wo übernachtest du?
	Rollenspiel	Wir spielen jetzt einen Dialog. Deine Freundin / dein Freund hat Geburtstag. Du organisierst für deine Freundin / deinen Freund eine Überraschungsparty mit mir. Wir planen die Party zusammen.
Abkühlen		Was machst du jetzt? Was machst du am Wochenende? Verabschiedung

✂ -

Karte für das Rollenspiel

Eine Überraschungsparty planen

Name	Klasse	Datum

Zeit: 60 Minuten (schriftlicher Teil)   Punkte | 42

HÖREN (circa 20 Minuten) | 18
Dieser Test hat zwei Teile. Lies zuerst die Aufgaben und hör dann den Text dazu.

Teil 1

13–14 Du hörst drei Nachrichten am Telefon. Zu jeder Nachricht gibt es zwei Aufgaben. Du hörst jede Nachricht zweimal. Kreuze an: a, b oder c. Hör zuerst das Beispiel und lies die Aufgabe mit der Lösung.

Beispiel
Markus sammelt …

[a] … Briefmarken.   [X] … Flugzeugmodelle.   [c] … Karten.

Hör die Nachricht noch einmal.

15–17 **1** Nachricht 1: Lies die Aufgaben 1 und 2.

Aufgabe 1
Claudia kann nicht …

[a] … in die Eisdisco gehen.   [b] … ins Internetcafé gehen.   [c] … ins Kino gehen.

Aufgabe 2
Claudia hat Probleme.

[a] Ihr Bauch tut weh.   [b] Ihr Bein tut weh.   [c] Sie hat Halsschmerzen.

Jetzt hörst du die erste Nachricht. Markiere die Lösung zu den Aufgaben 1 und 2.

Du hörst die erste Nachricht noch einmal. Kontrolliere deine Lösung.

18–20 **2** Nachricht 2: Lies die Aufgaben 3 und 4.

Aufgabe 3
Mario wohnt …

a … neben dem Bahnhof.   b … neben dem Hotel.   c … weit vom Bahnhof.

Augabe 4
Sebastian geht …

a … zuerst geradeaus.   b … die erste Straße rechts.   c … immer nur geradeaus.

Jetzt hörst du die zweite Nachricht. Markiere die Lösung zu den Aufgaben 3 und 4.

Du hörst die zweite Nachricht noch einmal. Kontrolliere deine Lösung.

21–23 **3** Nachricht 3: Lies die Aufgaben 5 und 6.

Aufgabe 5
Wann geht Lea ins Eisstadion?

a In der Woche.   b In einer Woche.   c Am Wochenende.

Aufgabe 6
Lea kommt …

a … um 3 Uhr.   b … um Viertel vor 3.   c … um Viertel nach 3.

Jetzt hörst du die dritte Nachricht. Markiere die Lösung zu den Aufgaben 5 und 6.

Du hörst die dritte Nachricht noch einmal. Kontrolliere deine Lösung.

Teil 2

24–25 🕐 Du hörst zwei Gespräche. Zu jedem Gespräch gibt es drei Aufgaben. Lies zuerst die Aufgaben. Hör dann das Gespräch dazu. Du hörst jedes Gespräch zweimal. Kreuze an: richtig ⊡ oder falsch ⨍.

Hör zuerst das Beispiel und lies die Aufgabe mit der Lösung.

Beispiel:
Eva kauft heute auch ein Sweatshirt.   ☐ r   ☒

Hör das Gespräch noch einmal.

26–28 🕐 **4**   Gespräch 1: Lies die Sätze 7, 8 und 9.

Augabe 7	Mike kennt Sonia seit einem Monat.	r	f
Augabe 8	Norbert kennt Sonia auch.	r	f
Augabe 9	Sonias Haare sind kurz und nicht lockig.	r	f

Jetzt hörst du das erste Gespräch. Markiere für die Sätze 7, 8 und 9: richtig (r) oder falsch (f).

Du hörst das erste Gespräch noch einmal. Kontrolliere deine Lösung.

29–31 🕐 **5**   Gespräch 2: Lies die Sätze 10, 11 und 12.

Augabe 10	Peter schreibt den Mathetest in zwei Tagen.	r	f
Augabe 11	Martina kann ihm schon heute helfen.	r	f
Augabe 12	Sie treffen sich um 14:30 bei Peter.	r	f

Jetzt hörst du das zweite Gespräch. Markiere für die Sätze 10, 11 und 12: richtig (r) oder falsch (f).

Du hörst das zweite Gespräch noch einmal. Kontrolliere deine Lösung.

LESEN (circa 20 Minuten)

Dieser Test hat zwei Teile. Hier findest du zwei Anzeigen und zwei kurze Beschreibungen.

Teil 1

Lies bitte die zwei Anzeigen aus der Zeitung. Zu jedem Text gibt es drei Aufgaben.
Markiere die richtigen Anworten a, b oder c.

Anzeige 1

www. goethe.de

ANGEBOT
Deutsch selbst lernen • Besuche unsere moderne

MEDIOTHEK
im Goethe-Institut in München
Sonnenstraße 25, 80 331 München

Du findest hier:
Materialien zum Selbstlernen • 52 Lernplätze

Du kannst:
• Hilfe beim Lernen bekommen
• mit CDs, Computerprogrammen, Videos, Arbeitsblättern mit Lösungen Deutsch lernen

Du kannst:
montags-freitags von 13:00 bis 18:00 Uhr,
samstags von 9:00 bis 13:00 kommen

Anzeige 2

Koblenz Jugendherberge

Adresse: 56077 Koblenz – Ehrenbreitstein
E-Mail: koblenz@diejugendherbergen.de
Homepage: www.DieJugendherbergen.de

Die Jugendherberge hat:
• 65 Betten in Zimmern für 1, 2, 6 Leute, meistens mit Bad/WC •
1 Speiseraum • 4 Spielräume mit TV, Video • Bistro, Café-Bar mit Internet

Lage:
Die Jugendherberge liegt 5 Gehminuten vom Stadtzentrum.

Sport und Freizeit:
• Tennis, Reiten, Sportplatz, Schwimmhalle, Schiffstouren
• Fahrradtouren, Wanderungen, Stadtbesichtigung

Beispiel:

In der Mediothek findest du
- a 25 Spielplätze.
- ☒ 52 Lernplätze.
- c 25 Klassenräume.

1 Die Mediothek hat im Angebot
- a Deutschkurse.
- b Nachhilfe.
- c Selbstlernen.

2 In der Mediothek kannst du
- a nur selbst lernen.
- b auch mit Hilfe lernen.
- c nur mit Hilfe lernen.

3 In die Mediothek kannst du
- a jeden Tag kommen.
- b am Sonntag nicht kommen.
- c jeden Nachmittag kommen.

4 Die Jugendherberge liegt
- a in Deutschland.
- b in Österreich.
- c in der Schweiz.

5 Einige Zimmer haben
- a TV.
- b Bad/WC.
- c Internet.

6 Die Jugendlichen können
- a Tischtennis spielen.
- b Golf spielen.
- c Reiten lernen.

Teil 2

Lies zwei Texte über Jugendliche in Deutschland. Sind die Sätze 7–12 richtig oder falsch? Kreuze an: richtig r oder falsch f.

Beschreibung 1

Ich heiße Monika Jäger und wohne mit meinen Eltern in Pirna. Ich habe keine Geschwister, mein Freund ist Rex – unser Hund. Ich bin 14 und gehe in die 8a im Friedrich-Schiller-Gymnasium. Seit der 3. Klasse lerne ich Englisch, seit der 5. Klasse Tschechisch und jetzt haben wir noch Französisch. Fremdsprachen sind meine Lieblingsfächer. Im Sommer war ich in einem Sprachkurs in England. Jetzt spreche ich viel besser Englisch. Dort habe ich viele Freunde gefunden ☺.

Beispiel:

Monika hat keinen Bruder.	☒	f
7 Monika lernt drei Fremdsprachen.	r	f
8 Tschechisch lernt sie zwei Jahre.	r	f
9 Sie war in England bei ihren Freunden.	r	f

Beschreibung 2

Hi! Ich bin Falko und komme aus Frankfurt. Wir wohnen nicht weit vom Zentrum. Unser Haus ist groß und hat auch einen Garten. Das ist gut für meine zwei Brüder. Sie gehen noch nicht zur Schule und können dort spielen. Ich und meine Schwester Milli besuchen das Goethegymnasium. Wir verstehen uns gut. Wir sind beide sportlich. Im Sommer fahren wir Rad, Skateboard oder Inliner, im Winter dann Schi und Snowboard. Deshalb ist Sportmode für uns wichtig.

10 Falko hat drei Geschwister.	r	f
11 Er hat mit seiner Schwester viel Streit.	r	f
12 Mode interessiert Falko überhaupt nicht.	r	f

SCHREIBEN (circa 20 Minuten)

Du hast diese E-Mail bekommen. Lies die E-Mail und antworte mit mindestens 30 Wörtern.

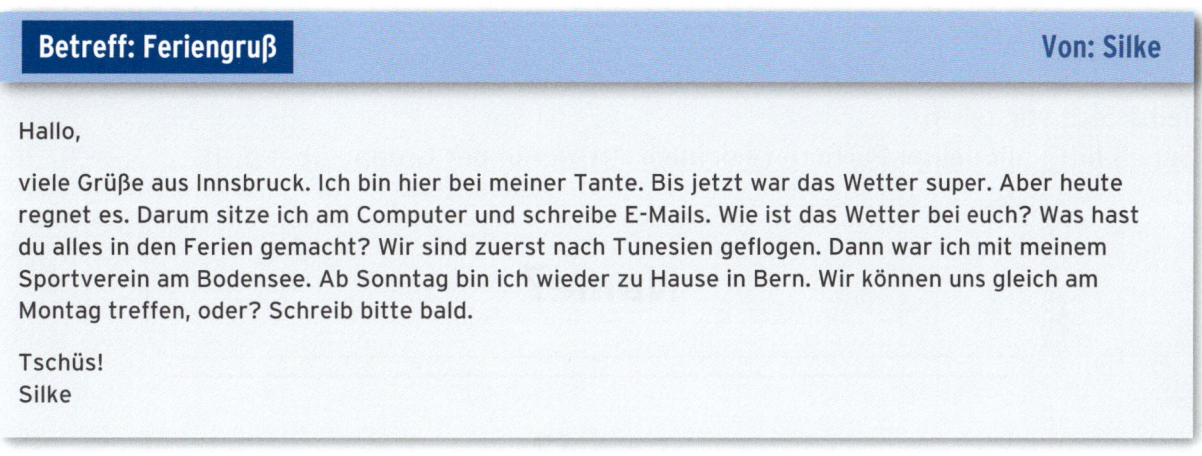

Betreff: Feriengruß	Von: Silke

Hallo,

viele Grüße aus Innsbruck. Ich bin hier bei meiner Tante. Bis jetzt war das Wetter super. Aber heute regnet es. Darum sitze ich am Computer und schreibe E-Mails. Wie ist das Wetter bei euch? Was hast du alles in den Ferien gemacht? Wir sind zuerst nach Tunesien geflogen. Dann war ich mit meinem Sportverein am Bodensee. Ab Sonntag bin ich wieder zu Hause in Bern. Wir können uns gleich am Montag treffen, oder? Schreib bitte bald.

Tschüs!
Silke

Neue Mail	⇨ **Senden**

An	silkekormann@yahoo.ch
Betreff	Re: Feriengruß

Zeit: 15 Minuten (mündlicher Teil)   Punkte | 18

SPRECHEN (in Gruppen von 4–6 Schülerinnen und Schülern)
Dieser Test hat drei Teile.

Teil 1 Sich vorstellen
Sprich bitte mit deiner Partnerin / deinem Partner in der Gruppe über dich.

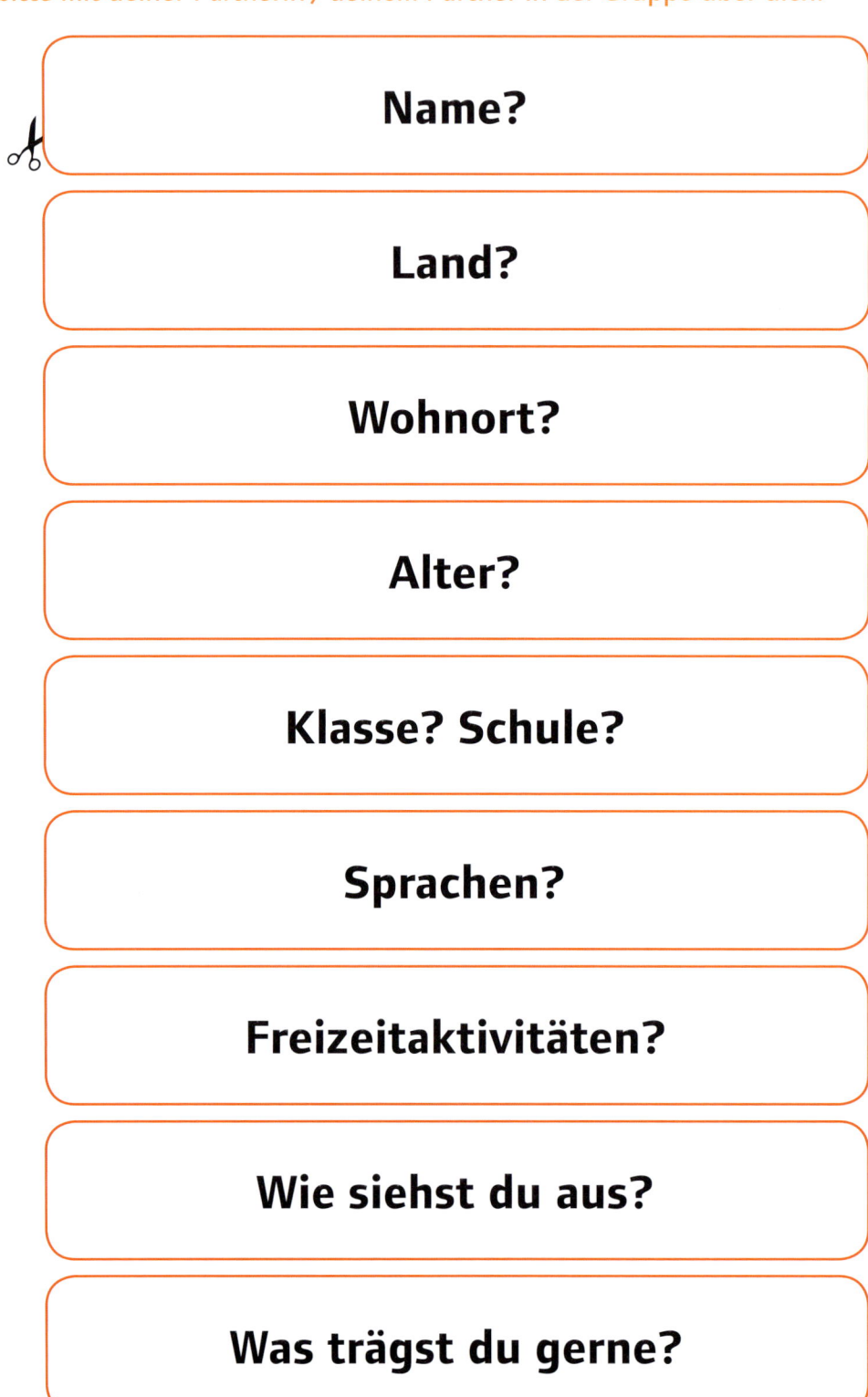

Name?

Land?

Wohnort?

Alter?

Klasse? Schule?

Sprachen?

Freizeitaktivitäten?

Wie siehst du aus?

Was trägst du gerne?

Teil 2 Fragen stellen und auf Fragen antworten
● Wähle eine Karte und stelle deiner Nachbarin / deinem Nachbarn eine Frage.
■ Antworte auf die Frage deiner Nachbarin / deines Nachbarn.

✂

Sprechen Teil 2 **Thema: Wohnen**	Sprechen Teil 2 **Thema: Essen/Trinken**	Sprechen Teil 2 **Thema: Freizeitaktivitäten**	Sprechen Teil 2 **Thema: Kleidung**
Beispielkarte Sprechen Teil 2 Thema: Wohnen **Teppich** ● Hast du einen Teppich in deinem Zimmer? ■ Ja, er ist gelb und blau.	**Beispielkarte** Sprechen Teil 2 Thema: Essen/Trinken **Pommes** ● Magst du Pommes? ■ Ja, sehr. Am liebsten mit Ketschup	**Beispielkarte** Sprechen Teil 2 Thema: Freizeitaktivitäten **Briefmarken** ● Sammelst du Briefmarken? ■ Nein, ich sammle Automodelle.	**Beispielkarte** Sprechen Teil 2 Thema: Kleidung **Jacke** ● Gefällt dir diese Jacke nicht? ■ Doch, sie ist schön, aber zu teuer.
Sprechen Teil 2 Thema: Wohnen **Schreibtisch**	Sprechen Teil 2 Thema: Essen/Trinken **Obst**	Sprechen Teil 2 Thema: Freizeitaktivitäten **Musik hören**	Sprechen Teil 2 Thema: Kleidung **T-Shirt**
Sprechen Teil 2 Thema: Wohnen **Lampe**	Sprechen Teil 2 Thema: Essen/Trinken **Milch**	Sprechen Teil 2 Thema: Freizeitaktivitäten **Reiten**	Sprechen Teil 2 Thema: Kleidung **Jeans**
Sprechen Teil 2 Thema: Wohnen **hängen**	Sprechen Teil 2 Thema: Essen/Trinken **Frühstück**	Sprechen Teil 2 Thema: Freizeitaktivitäten **chillen**	Sprechen Teil 2 Thema: Kleidung **Bikini**

Teil 2 Fragen stellen und auf Fragen antworten (Fortsetzung)

● Wähle eine Karte und stelle deiner Nachbarin / deinem Nachbarn eine Frage.

■ Antworte auf die Frage deiner Nachbarin / deines Nachbarn.

✂

	Sprechen Teil 2 **Thema: Wohnen**	Sprechen Teil 2 **Thema: Essen/Trinken**	Sprechen Teil 2 **Thema: Freizeitaktivitäten**	Sprechen Teil 2 **Thema: Kleidung**
	Beispielkarte Sprechen Teil 2 Thema: Wohnen **Teppich** ● Hast du einen Teppich in deinem Zimmer? ■ Ja, er ist gelb und blau.	**Beispielkarte** Sprechen Teil 2 Thema: Essen/Trinken **Pommes** ● Magst du Pommes? ■ Ja, sehr. Am liebsten mit Ketschup.	**Beispielkarte** Sprechen Teil 2 Thema: Freizeitaktivitäten **Briefmarken** ● Sammelst du Briefmarken? ■ Nein, ich sammle Automodelle.	**Beispielkarte** Sprechen Teil 2 Thema: Kleidung **Jacke** ● Gefällt dir diese Jacke nicht? ■ Doch, sie ist schön, aber zu teuer.
	Sprechen Teil 2 Thema: Wohnen **Schrank**	Sprechen Teil 2 Thema: Essen/Trinken **Kantine**	Sprechen Teil 2 Thema: Freizeitaktivitäten **Disco**	Sprechen Teil 2 Thema: Kleidung **Sweatshirt**
	Sprechen Teil 2 Thema: Wohnen **Fenster**	Sprechen Teil 2 Thema: Essen/Trinken **schmecken**	Sprechen Teil 2 Thema: Freizeitaktivitäten **Grillparty**	Sprechen Teil 2 hema: Kleidung **tragen**
	Sprechen Teil 2 Thema: Wohnen **Bett**	Sprechen Teil 2 Thema: Essen/Trinken **am liebsten**	Sprechen Teil 2 Thema: Freizeitaktivitäten **eislaufen**	Sprechen Teil 2 Thema: Kleidung **aussehen**

Teil 2 Fragen stellen und auf Fragen antworten (Fortsetzung)

● Wähle eine Karte und stelle deiner Nachbarin / deinem Nachbarn eine Frage.

■ Antworte auf die Frage deiner Nachbarin / deines Nachbarn.

Sprechen Teil 2

Thema: Körperteile

Beispielkarte — Sprechen Teil 2
Thema: Körperteile
Kopf
● Tut dein Kopf weh?
■ Ja, schon seit zwei Stunden.

Thema: Körperteile — Sprechen Teil 2
Fuß

Thema: Körperteile — Sprechen Teil 2
Hand

Thema: Körperteile — Sprechen Teil 2
Bauch

Sprechen Teil 2

Thema: Geburtstag

Beispielkarte — Sprechen Teil 2
Thema: Geburtstag
Einladung
● Hast du die Einladung von Lola bekommen?
■ Ja, am Samstag macht sie eine Geburtstagsparty.

Thema: Geburtstag — Sprechen Teil 2
Geschenk

Thema: Geburtstag — Sprechen Teil 2
Gast

Thema: Geburtstag — Sprechen Teil 2
feiern

Sprechen Teil 2

Thema: Stadtbesichtigung

Beispielkarte — Sprechen Teil 2
Thema: Stadtbesichtigung
Fluss
● Gibt es in der Stadt einen Fluss?
■ Ja, sogar zwei Flüsse.

Thema: Stadtbesichtigung — Sprechen Teil 2
Brücke

Thema: Stadtbesichtigung — Sprechen Teil 2
Rathaus

Thema: Stadtbesichtigung — Sprechen Teil 2
Museum

Sprechen Teil 2

Thema: Ferien

Beispielkarte — Sprechen Teil 2
Thema: Ferien
Flugzeug
● Bist du schon mal mit dem Flugzeug geflogen?
■ Ja, im letzten Jahr nach Mallorca.

Thema: Ferien — Sprechen Teil 2
Meer

Thema: Ferien — Sprechen Teil 2
Campingplatz

Thema: Ferien — Sprechen Teil 2
Gepäck

Teil 2 Fragen stellen und auf Fragen antworten (Fortsetzung)
● Wähle eine Karte und stelle deiner Nachbarin / deinem Nachbarn eine Frage.
■ Antworte auf die Frage deiner Nachbarin / deines Nachbarn.

✂

Sprechen Teil 2	Sprechen Teil 2	Sprechen Teil 2	Sprechen Teil 2
Thema: Körperteile	**Thema: Geburtstag**	**Thema: Stadtbesichtigung**	**Thema: Ferien**
Beispielkarte Sprechen Teil 2 Thema: Körperteile **Kopf** ● Tut dein Kopf weh? ■ Ja, schon seit zwei Stunden.	**Beispielkarte** Sprechen Teil 2 Thema: Geburtstag **Einladung** ● Hast du die Einladung von Lola bekommen? ■ Ja, am Samstag macht sie eine Geburtstagsparty.	**Beispielkarte** Sprechen Teil 2 Thema: Stadtbesichtigung **Fluss** ● Gibt es in der Stadt einen Fluss? ■ Ja, sogar zwei Flüsse.	**Beispielkarte** Sprechen Teil 2 Thema: Ferien **Flugzeug** ● Bist du schon mal mit dem Flugzeug geflogen? ■ Ja, im letzten Jahr nach Mallorca.
Thema: Körperteile Sprechen Teil 2 **Schmerzen**	Thema: Geburtstag Sprechen Teil 2 **Blume**	Thema: Stadtbesichtigung Sprechen Teil 2 **Haltestelle**	Thema: Ferien Sprechen Teil 2 **übernachten**
Thema: Körperteile Sprechen Teil 2 **Auge**	Thema: Geburtstag Sprechen Teil 2 **Freundinnen / Freunde einladen**	Thema: Stadtbesichtigung Sprechen Teil 2 **U-Bahn**	Thema: Ferien Sprechen Teil 2 **Zoo**
Thema: Körperteile Sprechen Teil 2 **weh tun**	Thema: Geburtstag Sprechen Teil 2 **Torte**	Thema: Stadtbesichtigung Sprechen Teil 2 **Bus**	Thema: Ferien Sprechen Teil 2 **Jugendherberge**

Teil 3 Fragen oder Aufforderungen formulieren und darauf antworten oder reagieren

● Wähle eine Karte und stelle deiner Nachbarin / deinem Nachbarn eine Frage.

■ Antworte auf die Frage deiner Nachbarin / deines Nachbarn.

Beispielkarte — Sprechen Teil 3

● Wie findest du das Kleid?
■ Ich finde es wirklich echt cool.

Beispielkarte — Sprechen Teil 3

● Räum bitte dein Zimmer auf.
■ Ich mache es morgen. Heute habe ich keine Zeit.

Lernabschnittstest 1   Neu hier?

Testteil	Testaufgabe	Was wird getestet?	Aufgabenformat
Hören	1	Hörverständnis: Wort- und Wortgrenzenerkennung	Multiple-Choice (2 Antwortmöglichkeiten)
Wortschatz	2	Rezeptive Wortschatzkenntnisse (Fragewörter): *wo, woher, was, wie*	Lückentext
	3	Rezeptive Wortschatzkenntnisse (Formular-Lexik): *Vorname, Familienname, Straße, Wohnort, Land*	Lückentext
	4	Rezeptive Wortschatzkenntnisse (Hobby-Bezeichnungen): *Karate, Fußball, Tennis, Radfahren, Schwimmen, Gitarre spielen*	Zuordnung
Grammatik	5	Konjugation: Verben *sein, heißen, wohnen, kommen* und *mögen* in 1. und/oder 2. Person Singular und/oder in der Höflichkeitsform	Ergänzung

Lernabschnittstest 2   Meine Klasse

Testteil	Testaufgabe	Was wird getestet?	Aufgabenformat
Wortschatz	1	Rezeptive Wortschatzkenntnisse (Schulsachen): *Bleistift, Heft, Taschenrechner, USB-Stick, Rucksack, Radiergummi*	Multiple-Choice (3 Antwortmöglichkeiten)
	2	Rezeptive Wortschatzkenntnisse (Zahlwörter): *12, 19, 200, 90, 29*	Zuordnung
Grammatik	3	Konjugation: Verben *sein, heißen, kommen, mögen, spielen, machen* (1., 2. und 3. Person Singular und 1. und 2. Person Plural)	Ergänzung
Lesen	4	Selektives und detailliertes Leseverständnis (Schule und Präferenzen)	Multiple-Choice (3 Antwortmöglichkeiten)

Lernfortschrittstest 1–3 Neu hier? | Meine Klasse | Tiere

Testteil	Test-aufgabe	Aufgaben-format	Was wird getestet?	Ein-heit	Kann-Beschreibung
Hören	1	Multiple-Choice (3 Antwort-möglichkei-ten)	Selektives und detailliertes Hör-verständnis zu Informationen zur Person (Vor-stellung, Hobbys, Haustiere, Zahlen)	1–3	Kann verstehen, wenn sehr langsam und sorgfältig gesprochen wird und wenn lange Pausen Zeit lassen, den Sinn zu erfassen.
Wort-schatz	2	Lückentext	Rezeptive Wort-schatzkenntnisse (Tiere): *Lieblings-tiere, Vogel, süß, Afrika*	3	Verfügt über einen elementaren Vorrat an einzelnen Wörtern und Wendungen, die sich auf bestimmte konkrete Situationen beziehen.
	3	Lückentext	Rezeptive Wort-schatzkenntnisse (Farben und Eigenschaften): *grau, klein, weiß, schnell, blau, rot*		
Lesen	4	Richtig/Falsch	Globales, selek-tives und detail-liertes Lese-verständnis (Personen, ihre Haustiere und Hobbys)	3	Kann sehr kurze, einfache Texte Satz für Satz lesen und verstehen, indem er/sie bekannte Namen, Wörter und einfachste Wendungen heraussucht und, wenn nötig, den Text mehrmals liest. Kann vertraute Namen, Wörter und ganz elementare Wendungen in einfachen Mitteilungen in Zusammenhang mit den üblichsten Alltagssituationen erkennen.
Schreiben	5	Chat-Nachricht	Gelenktes Schreiben (Chat-Nachricht zu den Themen Informa-tionen zur Person, Hobbys und Tiere beantworten)	1–3	Kann einfache Wendungen und Sätze über sich selbst und fiktive Menschen schreiben: wo sie leben und was sie tun (z. B. eine kurze einfache Mitteilung).
Sprechen	6	Interview Rollenspiel	Spontanes Sprechen: Fragen stellen und beant-worten (Informati-onen zur Person, Zahlen, Hobbys, Haustiere, Schul-fächer und Schulsachen)	1–3	Kann sich selbst beschreiben und sagen, was er/sie beruflich tut und wo er/sie wohnt. Kann sich mit einfachen, überwiegend isolierten Wendungen über Menschen und Orte äußern. Kann sich auf einfache Art verständigen, wenn die Gesprächspartner/-innen lang-sam und deutlich sprechen und bereit sind zu helfen. Kann einfache Fragen stellen und beant-worten, einfache Feststellungen treffen oder auf solche reagieren, sofern es sich um unmittelbare Bedürfnisse oder um sehr vertraute Themen handelt. Kann Fragen zur Person stellen - z. B. zum Wohnort, zu Bekannten, zu Dingen, die man besitzt usw. - und kann auf ent-sprechende Fragen Antwort geben.

Lernabschnittstest 4   Mein Tag

Testteil	Testaufgabe	Was wird getestet?	Aufgabenformat
Lesen	1	Detailliertes und selektives Leseverständnis (Informationen in Anzeigen, Zeitangaben)	Multiple-Choice (3 Antwortmöglichkeiten)
Wortschatz	2	Rezeptive Wortschatzkenntnisse (Uhrzeiten): *Uhr, um, vor, nach, vier, fünf, sechs, acht, neun, zehn, zwölf, abends, vormittags, Viertel, halb*	Zuordnung
	3	Rezeptive Wortschatzkenntnisse (Tagesablauf): *Wecker, Uhr, Viertel, Montags, Stunden, Lieblingsfach, Mittagspause, halb, Abend, Hausaufgaben*	Lückentest
Grammatik	4	Konjugation im Indikativ Präsens: Verben *sein, haben, klingeln, kommen, beginnen, machen, bleiben*	Ergänzung

Lernfortschrittstest 4–5   Mein Tag | Hobbys

Testteil	Testaufgabe	Aufgabenformat	Was wird getestet?	Einheit	Kann-Beschreibung
Hören	1	Zuordnung	Selektives und detailliertes Hörverständnis (Sagen, was du kannst/nicht kannst)	5	Kann verstehen, wenn sehr langsam und sorgfältig gesprochen wird und wenn lange Pausen Zeit lassen, den Sinn zu erfassen.
Wortschatz	2	Zuordnung	Rezeptive Wortschatzkenntnisse (Hobbys und Freizeitaktivitäten): *Musik hören, Computer spielen, singen, chatten, Freunde treffen, tanzen, shoppen, schwimmen, Flöte spielen, Karten spielen, basteln, fernsehen*	5	Verfügt über einen elementaren Vorrat an einzelnen Wörtern und Wendungen, die sich auf bestimmte konkrete Situationen beziehen.
Lesen	3	Multiple-Choice (3 Antwortmöglichkeiten)	Globales, selektives und detailliertes Leseverständnis (Verabredung, Uhrzeiten)	4–5	Kann sehr kurze, einfache Texte Satz für Satz lesen und verstehen, indem er/sie bekannte Namen, Wörter und einfachste Wendungen heraussucht und, wenn nötig, den Text mehrmals liest. Kann vertraute Namen, Wörter und ganz elementare Wendungen in einfachen Mitteilungen in Zusammenhang mit den üblichsten Alltagssituationen erkennen.
Schreiben	4	Präsentation	Gelenktes Schreiben (Präsentation zu den Themen Name, Schule und Lieblingsfächer, ein Tag in der Schule)		Kann einfache Wendungen und Sätze über sich selbst und fiktive Menschen schreiben: wo sie leben und was sie tun.

Lernabschnittstest 6 Meine Familie

Testteil	Testaufgabe	Was wird getestet?	Aufgabenformat
Hören	1	Globales, selektives und detailliertes Hörverständnis (Familienbeschreibung)	Multiple-Choice (3 Antwortmöglichkeiten)
Wortschatz	2	Rezeptive Wortschatzkenntnisse (Familienbezeichnungen, Berufe): *Opa, Onkel, Schwester, Oma, Cousine, Cousin, Rentner, Polizist, Schülerin, Ärztin, Ingenieurin, Mechaniker*	Lückentext
Grammatik	3	Possessivartikel im Nominativ: *mein, unser, ihr*; weibliche und männliche Berufsbezeichnungen: Suffixe -er und -in.	Ergänzung

Lernabschlusstest 1–7 Neu hier? | Meine Klasse | Tiere | Mein Tag | Hobbys | Meine Familie | Was kostet das?

Testteil	Testaufgabe	Aufgabenformat	Was wird getestet?	Einheit	Kann-Beschreibung
Hören	1	Richtig/Falsch	Globales, selektives und detailliertes Hörverständnis (Telefon-Nachrichten zu den Themen Schule, Tagesablauf, Hobbys, Preise, Familie, Verabredung)	1–3	Kann verstehen, wenn sehr langsam und sorgfältig gesprochen wird und wenn lange Pausen Zeit lassen, den Sinn zu erfassen.
Lesen	2	Multiple-Choice	Globales, detailliertes und selektives Leseverständnis (Informationen zur Person, Hobbys, Familie, Beruf, Schulfächer)	3	Kann sehr kurze, einfache Texte Satz für Satz lesen und verstehen, indem er/sie bekannte Namen, Wörter und einfachste Wendungen heraussucht und, wenn nötig, den Text mehrmals liest. Kann vertraute Namen, Wörter und ganz elementare Wendungen in einfachen Mitteilungen in Zusammenhang mit den üblichsten Alltagssituationen erkennen.
Schreiben	3	E-Mail	Gelenktes Schreiben: eine E-Mail beantworten (Familie und Hobbys)	1–3	Kann einfache Wendungen und Sätze über sich selbst und fiktive Menschen schreiben: wo sie leben und was sie tun (z. B. eine kurze einfache Mitteilung).
Sprechen	4	Interview Rollenspiel	Spontanes Sprechen: Fragen stellen und beantworten (Informationen zur Person, Tagesablauf, Hobbys, Familie, Was kostet das?)	1–3	Kann sich mit einfachen, überwiegend isolierten Wendungen über Menschen und Orte äußern. Kann sich auf einfache Art verständigen, wenn die Gesprächspartner/-innen langsam und deutlich sprechen und bereit sind zu helfen. Kann einfache Fragen stellen und beantworten, einfache Feststellungen treffen oder auf solche reagieren, sofern es sich um unmittelbare Bedürfnisse oder um sehr vertraute Themen handelt.

Lernabschnittstest 8   Mein Zimmer

Testteil	Testaufgabe	Was wird getestet?	Aufgabenformat
Hören	1	Selektives Hörverständnis (Zimmerbeschreibung)	Multiple-Choice (3 Antwortmöglichkeiten)
Wortschatz	2	Rezeptive Wortschatzkenntnisse (Zimmerbeschreibung): *Möbel, Lampe, Wand, Regal, Boden, Schrank, Schreibtisch, Papierkorb*	Lückentext
	3	Rezeptive Wortschatzkenntnisse (lokale Präpositionen): *unter, zwischen, neben, auf, über*	Zuordnung
Grammatik	4	Bildung der drei Imperativformen	Ergänzung
	5	Konjugation: Modalverb müssen	Lückentext

Lernabschnittstest 9   Das schmeckt gut

Testteil	Testaufgabe	Was wird getestet?	Aufgabenformat
Lesen	1	Detailliertes und selektives Leseverständnis (Essen)	Multiple-Choice (3 Antwortmöglichkeiten)
Wortschatz	2	Rezeptive Wortschatzkenntnisse (Fragen zum Thema Essen)	Zuordnung
	3	Produktive Wortschatzkenntnisse (Lebensmittel): *Milch, Müsli, Joghurt, Obst, Kartoffeln, Gemüse, Brot, Marmelade, Käse, Wurst*	Lückentext
Grammatik	4	Verwendung indefiniter und Nullartikel	Lückentext
	5	Gern – lieber – am liebsten	Lückentext

Lernfortschrittstest Einheiten 8–10   Mein Zimmer | Das schmeckt gut | Meine Freizeit

Testteil	Test-aufgabe	Aufgaben-format	Was wird getestet?	Ein-heit	Kann-Beschreibung
Hören	1	Multiple-Choice (3 Antwort-möglichkei-ten)	Detailliertes und selektives Hör-verständnis (Freizeit-aktivitäten planen)	10	Kann verstehen, wenn sehr langsam und sorgfältig gesprochen wird und wenn lange Pausen Zeit lassen, den Sinn zu erfassen.
Wort-schatz	2	Ergänzung	Produktive Wort-schatzkenntnisse (Jahreszeiten und Monate): *Frühling, Herbst, Januar, August, Juli*	10	Verfügt über einen elementaren Vorrat an einzelnen Wörtern und Wendungen, die sich auf bestimmte konkrete Situationen beziehen.
	4	Ergänzung	Produktive Wort-schatzkenntnisse (Freizeit): *Schwimmbad, Theater, Disco, Kirche, Kino, Radtour, Fest, Motorrad, Auto*		
Lesen	3	Multiple-Choice (3 Antwort-möglichkei-ten)	Detailliertes und selektives Leseverständnis (Essen)	9	Kann sehr kurze, einfache Texte Satz für Satz lesen und verstehen, indem er/sie bekannte Namen, Wörter und einfachste Wendungen heraussucht und, wenn nötig, den Text mehrmals liest. Kann vertraute Namen, Wörter und ganz elementare Wendungen in einfachen Mitteilungen in Zusammenhang mit den üblichsten Alltagssituationen erkennen.
Schreiben	5	E-Mail	Gelenktes Schreiben (eigenes Zimmer in einer E-Mail beschreiben)	8	Kann einfache Wendungen und Sätze über sich selbst und fiktive Menschen schreiben: wo sie leben und was sie tun (z. B. eine kurze E-Mail).
Sprechen	6	Interview Rollenspiel	Spontanes Sprechen: Fragen stellen und beant-worten (Wohnen, Tätigkeiten zu Hause, Essen, Freizeit)	8–10	Kann sich mit einfachen, überwiegend isolierten Wendungen über Menschen und Orte äußern. Kann sich auf einfache Art verständigen, wenn die Gesprächspartner/-innen lang-sam und deutlich sprechen und bereit sind zu helfen. Kann einfache Fragen stellen und be-antworten, einfache Feststellungen tref-fen oder auf solche reagieren, sofern es sich um unmittelbare Bedürfnisse oder um sehr vertraute Themen handelt.

Lernabschnittstest 11   Das sieht gut aus!

Testteil	Testaufgabe	Was wird getestet?	Aufgabenformat
Hören	1	Selektives und detailliertes Hörverständnis (Mode)	Multiple-Choice (3 Antwortmöglichkeiten)
Wortschatz	2	Produktive Wortschatzkenntnisse (Adjektive): *kurz, weit, billig, klein*	Ergänzung
	3	Rezeptive Wortschatzkenntnisse (Körperteile): *Hand, Bauch, Hals, Kopf*	Zuordnung
	4	Produktive Wortschatzkenntnisse (Kleidung): *Mantel, Pullover, Jacke, Strümpfe/Socken, Kappe, Schuhe*	Ergänzung
Grammatik	5	Personalpronomen im Akkusativ: ihn, es, sie (Sing. und Pl.), mich, dich	Lückentext
	6	Verben *tun* (3. Person Singular/Plural) und *tragen* (1./2./3. Person Singular)	Ergänzung

Lernfortschrittstest Einheiten 11–12   Das sieht gut aus! | Partys

Testteil	Testaufgabe	Aufgabenformat	Was wird getestet?	Einheit	Kann-Beschreibung
Hören	1	Multiple-Choice (3 Antwortmöglichkeiten)	Globales, detailliertes und selektives Hörverständnis (einen Text über eine Party in der Vergangenheit verstehen)	12	Kann verstehen, wenn sehr langsam und sorgfältig gesprochen wird und wenn lange Pausen Zeit lassen, den Sinn zu erfassen.
Wortschatz	2	Ergänzung	Produktive Wortschatzkenntnisse (Geburtstag): *Geburtstagsparty, Geburtstagskuchen, Kerze, Geschenk, hübsch, Fotoapparat, aufgeregt, vorbereiten, Limonade, Salat, Wohnzimmer, Lied, Jahr, krank, Grippe*	12	Verfügt über einen elementaren Vorrat an einzelnen Wörtern und Wendungen, die sich auf bestimmte konkrete Situationen beziehen.
Lesen	3	Multiple-Choice (3 Antwortmöglichkeiten)	Detailliertes und selektives Leseverständnis (eine Party planen)	12	Kann sehr kurze, einfache Texte Satz für Satz lesen und verstehen, indem er/sie bekannte Namen, Wörter und einfachste Wendungen heraussucht und, wenn nötig, den Text mehrmals liest. Kann vertraute Namen, Wörter und ganz elementare Wendungen in einfachen Mitteilungen in Zusammenhang mit den üblichsten Alltagssituationen erkennen.
Schreiben	4	E-Mail	Gelenktes Schreiben: Eine E-Mail beantworten und sich beschreiben	11	Kann einfache Wendungen und Sätze über sich selbst und fiktive Menschen schreiben: wo sie leben und was sie tun (z. B. eine kurze E-Mail).

Lernabschnittstest 13   Meine Stadt

Testteil	Testaufgabe	Was wird getestet?	Aufgabenformat
Lesen	1	Globales, selektives und detailliertes Leseverständnis (Meine Stadt)	Multiple-Choice (3 Antwortmöglichkeiten)
Wortschatz	2	Produktive Wortschatzkenntnisse (Stadt): *Stadt-besichtigung, Flughafen, Bahnhof, Zentrum, Museum*	Ergänzung
	3	Rezeptive Wortschatzkenntnisse (Wegbeschreibung): *Geh geradeaus/die dritte Straße links/die zweite Straße rechts., Das Café ist auf der rechten Seite., Die Post ist links neben dem Café.*	Zuordnung
	4	Rezeptive Wortschatzkenntnisse (Fahrzeuge): *Bus, Schiff, Zug, U-Bahn*	Lückentext
Grammatik	5	Perfekt mit haben: Verben *treffen, verlieren, finden, kaufen, essen, sehen*	Umformung
	6	Kurzform Dativ: Präpositionen zu, bei, von + bestimmter Artikel	Umformung

Lernabschlusstest Einheiten 8–14   Mein Zimmer | Das schmeckt gut | Meine Freizeit | Das sieht gut aus! | Partys | Meine Stadt | Ferien

Testteil	Testaufgabe	Aufgabenformat	Was wird getestet?	Einheit	Kann-Beschreibung
Hören	1	Multiple-Choice (3 Antwortmöglichkeiten)	Globales, selektives und detailliertes Hörverständnis (Freizeitaktivitäten)	10	Kann verstehen, wenn sehr langsam und sorgfältig gesprochen wird und wenn lange Pausen Zeit lassen, den Sinn zu erfassen.
Hören	2	Richtig/Falsch	Selektives und detailliertes Hörverständnis (In der Stadt)	13	Kann Anweisungen, die langsam und deutlich an ihn/sie gerichtet werden, verstehen und kann kurzen einfachen Wegerklärungen folgen.
Lesen	3	Multiple-Choice (3 Antwortmöglichkeiten)	Globales, selektives und detailliertes Leseverständnis (Ferien)	14	Kann sehr kurze, einfache Texte Satz für Satz lesen und verstehen, indem er/sie bekannte Namen, Wörter und einfachste Wendungen heraussucht und, wenn nötig, den Text mehrmals liest.
Schreiben	4	Chat-Nachricht	Gelenktes Schreiben (In einer Chat-Nachricht über Essen schreiben)	9	Kann einfache Wendungen und Sätze über sich selbst und fiktive Menschen schreiben: wo sie leben und was sie tun.
Sprechen	5	Interview Rollenspiel	Spontanes Sprechen: Fragen stellen und beantworten (Wohnen, Meine Stadt, Ferien, Freizeit); Eine Überraschungsparty planen	8, 10–13	Kann sich mit einfachen, überwiegend isolierten Wendungen über Menschen und Orte äußern. Kann einfache Fragen stellen und beantworten, einfache Feststellungen treffen oder auf solche reagieren, sofern es sich um unmittelbare Bedürfnisse oder um sehr vertraute Themen handelt.

Lernabschnittstest 1

Testteil	Testaufgabe	Lösungen	Punkte und Bewertung	
Hören	1	1. b – 2. a – 3. b – 4. a – 5. a – 6. a – 7. a – 8. b	7–8 → sehr gut 5–6 → gut 3–4 → befriedigend 0–2 → nicht bestanden	
Wortschatz	2	1. Woher – 2. Was – 3. Wo – 4. Wie	12–15 → sehr gut 9–11 → gut 6–8 → befriedigend 0–5 → nicht bestanden	
	3	1. Anna – 2. Müller – 3. Breitensteinstraße 17 – 4. München – 5. Deutschland		
	4	1. E – 2. B – 3. A – 4. D – 5. C – 6. F		
Grammatik	5	1. in – 2. en – 3. en – 4. e – 5. t – 6. st – 7. st	6–7 → sehr gut 4–5 → gut 2–3 → befriedigend 0–1 → nicht bestanden	
GESAMT	1–5	24–30 → sehr gut (78–100%) 18–23 → gut (58–77%) 12–17 → befriedigend (40–57%) 0–11 → nicht bestanden (0–39%)		

Lernabschnittstest 2

Testteil	Testaufgabe	Lösungen	Punkte und Bewertung
Wortschatz	1	1. b – 2. c – 3. b – 4. a – 5. b – 6. c	9–11 → sehr gut 6–8 → gut 4–5 → befriedigend 0–3 → nicht bestanden
	2	1. 12 – 2. 19 – 3. 200 – 4. 90 – 5. 29	
Grammatik	3	1. ßt – 2. mst – 3. st – 4. g – 5. g – 6. ßt – 7. en – 8. elt – 9. elen – 10. en – 11. t	9–11 → sehr gut 6–8 → gut 4–5 → befriedigend 0–3 → nicht bestanden
Lesen	4	1. a – 2. b – 3. a – 4. c – 5. c – 6. b – 7. c – 8. b	7–8 → sehr gut 5–6 → gut 3–4 → befriedigend 0–2 → nicht bestanden
GESAMT	1–4	24–30 → sehr gut (78–100%) 18–23 → gut (58–77%) 12–17 → befriedigend (40–57%) 0–11 → nicht bestanden (0–39%)	

Lernfortschrittstest 1–3

Testteil	Testaufgabe	Lösungen	Punkte und Bewertung	
Hören	1	1. c – 2. b – 3. a – 4. c – 5. a – 6. b	5–6 → sehr gut 3–4 → gut 1–2 → befriedigend 0 → nicht bestanden	
Wortschatz	2	1. Lieblingstiere – 2. Vogel – 3. süß – 4. Afrika	8–10 → sehr gut 6–7 → gut 4–5 → befriedigend 0–3 → nicht bestanden	
	3	1. grau – 2. klein – 3. weiß – 4. schnell – 5. blau / rot – 6. rot / blau		
Lesen	4	1. falsch – 2. richtig – 3.richtig – 4. falsch – 5. falsch – 6. falsch – 7. falsch – 8. richtig	7–8 → sehr gut 5–6 → gut 3–4 → befriedigend 0–2 → nicht bestanden	
Schreiben	5	Siehe Bewertungsraster	7–9 → sehr gut 5–6 → gut 3–4 → befriedigend 0–2 → nicht bestanden	
Sprechen	6	Siehe Bewertungsraster	10–12 → sehr gut 7–9 → gut 5–6 → befriedigend 0–4 → nicht bestanden	
GESAMT	1–6	36–45 → sehr gut 27–35 → gut 18–26 → befriedigend 0–17 → nicht bestanden	(80–100 %) (60–79 %) (40–59 %) (0–39 %)	

Lernabschnittstest 4

Testteil	Testaufgabe	Lösungen	Punkte und Bewertung	
Lesen	1	1. b – 2. a – 3. a – 4. c – 5. a – 6. b	5–6 → sehr gut 3–4 → gut 1–2 → befriedigend 0 → nicht bestanden	
Wortschatz	2	A 2. – B 1. – C 5. – D 6. – E 4. – F 3.	13–16 → sehr gut 9–12 → gut 6–8 → befriedigend 0–5 → nicht bestanden	
	3	1. Wecker – 2. Uhr – 3. Viertel – 4. Montags – 5. Stunden – 6. Lieblingsfach – 7. Mittagspause – 8. halb – 9. Abend – 10. Hausaufgaben		
Grammatik	4	1. st – 2. be – 3. elt – 4. mt – 5. nt – 6. be – 7. che – 8. eibe	7–8 → sehr gut 5–6 → gut 3–4 → befriedigend 0–2 → nicht bestanden	
GESAMT	1–4	24–30 → sehr gut 18–23 → gut 12–17 → befriedigend 0–11 → nicht bestanden	(78–100 %) (58–77 %) (40–57 %) (0–39 %)	

Lernfortschrittstest 4–5

Testteil	Testaufgabe	Lösungen	Punkte und Bewertung
Hören	1	1. L, P, L, P 2. P, L, L, P	7–8 → sehr gut 5–6 → gut 3–4 → befriedigend 0–2 → nicht bestanden
Wortschatz	2	1. B – 2. J – 3. A – 4. E – 5. I – 6. C – 7. K – 8. H – 9. L – 10. G – 11. F – 12. D	10–12 → sehr gut 7–9 → gut 5–6 → befriedigend 0–4 → nicht bestanden
Lesen	3	1. b – 2. c – 3. b – 4. c – 5. b – 6. c	5–6 → sehr gut 4–3 → gut 2–1 → befriedigend 0 → nicht bestanden
Schreiben	4	Siehe Bewertungsraster	7–9 → sehr gut 5–6 → gut 3–4 → befriedigend 0–2 → nicht bestanden
GESAMT	1–4	28–35 → sehr gut (78–100%) 21–27 → gut (58–77%) 14–20 → befriedigend (40–57%) 0–13 → nicht bestanden (0–39%)	

Lernabschnittstest 6

Testteil	Testaufgabe	Lösungen	Punkte und Bewertung
Hören	1	1. b – 2. a – 3. c – 4. a – 5. b – 6. b – 7. c – 8. a	7–8 → sehr gut 5–6 → gut 3–4 → befriedigend 0–2 → nicht bestanden
Wortschatz	2	1. Opa – 2. Rentner – 3. Onkel – 4. Polizist – 5. Schwester – 6. Schülerin – 7. Oma – 8.Ärztin – 9. Cousine – 10. Ingenieurin – 11. Cousin – 12. Mechaniker	10–12 → sehr gut 7–9 → gut 5–6 → befriedigend 0–4 → nicht bestanden
Grammatik	3	1. ein – 2. ot – 3. erin – 4. nsere – 5. erin – 6. nser – 7. er – 8. nsere – 9. er – 10. hr	8–10 → sehr gut 6–7 → gut 4–5 → befriedigend 0–3 → nicht bestanden
GESAMT	1–3	24–30 → sehr gut (78–100%) 18–23 → gut (58–77%) 12–17 → befriedigend (40–57%) 0–11 → nicht bestanden (0–39%)	

Lernabschlusstest 1–7

Testteil	Testaufgabe	Lösungen	Punkte und Bewertung
Hören	1	1. r – 2. f – 3. r – 4. r – 5. f	4–5 → sehr gut 2–3 → gut 1 → befriedigend 0 → nicht bestanden
Lesen	2	1. b – 2. c – 3. b – 4. a – 5. b – 6. b – 7. c – 8. b – 9. c	7–9 → sehr gut 5–6 → gut 3–4 → befriedigend 0–2 → nicht bestanden
Schreiben	3	Siehe Bewertungsraster	7–9 → sehr gut 5–6 → gut 3–4 → befriedigend 0–2 → nicht bestanden
Sprechen	4	Siehe Bewertungsraster	10–12 → sehr gut 7–9 → gut 5–6 → befriedigend 0–4 → nicht bestanden
GESAMT	1–4	28–35 → sehr gut (78–100%) 21–27 → gut (58–77%) 14–20 → befriedigend (40–57%) 0–13 → nicht bestanden (0–39%)	

Lernabschnittstest 8

Testteil	Testaufgabe	Lösungen	Punkte und Bewertung
Hören	1	1. c – 2. c – 3. b – 4. b – 5. a	4–5 → sehr gut 2–3 → gut 1 → befriedigend 0 → nicht bestanden
Wortschatz	2	1. Möbel – 2. Lampe – 3. Wand – 4. Regal – 5. Boden – 6. Schrank – 7. Schreibtisch – 8. Papierkorb	11–13 → sehr gut 8–10 → gut 5–7 → befriedigend 0–4 → nicht bestanden
	3	1. D – 2. E – 3. B – 4. A – 5. C	
Grammatik	4	1. ch – 2. m – 3. ich – 4. ht – 5. en – 6. en	10–12 → sehr gut 7–9 → gut 5–6 → befriedigend 0–4 → nicht bestanden
	5	1. muss – 2. muss – 3. müssen – 4. musst – 5. müsst – 6. müssen	
GESAMT	1–5	24–30 → sehr gut (78–100%) 18–23 → gut (58–77%) 12–17 → befriedigend (40–57%) 0–11 → nicht bestanden (0–39%)	

Lernabschnittstest 9

Testteil	Testaufgabe	Lösungen	Punkte und Bewertung		
Lesen	1	1. a – 2. b – 3. a – 4. a – 5. c	4–5	→	sehr gut
			2–3	→	gut
			1	→	befriedigend
			0	→	nicht bestanden
Wortschatz	2	1. b – 2. c – 3. a – 4. d	12–14	→	sehr gut
			9–11	→	gut
	3	1. ilch – 2. üsli – 3. oghurt – 4. bst – 5. artoffeln – 6. emüse – 7. rot – 8. armelade – 9. äse – 10. urst	6–8	→	befriedigend
			0–5	→	nicht bestanden
Grammatik	4[1]	1. x – 2. eine – 3. x – 4. ein – 5. einen – 6. x / ein / einen – 7. x – 8. x	9–11	→	sehr gut
			6–8	→	gut
			4–5	→	befriedigend
	5	1. gern – 2. lieber – 3. liebsten	0–3	→	nicht bestanden
GESAMT	1–5	24–30 → sehr gut (78–100 %) 18–23 → gut (58–77 %) 12–17 → befriedigend (40–57 %) 0–11 → nicht bestanden (0–39 %)			

Lernfortschrittstest 8–10

Testteil	Testaufgabe	Lösungen	Punkte und Bewertung		
Hören	1	1. b – 2. a – 3. c – 4. b – 5. c	4–5	→	sehr gut
			2–3	→	gut
			1	→	befriedigend
			0	→	nicht bestanden
Wortschatz	2	1. rühling – 2. erbst – 3. uli – 4. ugust – 5. anuar	12–14	→	sehr gut
			9–11	→	gut
	4	1. chwimmbad – 2. heater – 3. isco – 4. irche – 5. ino – 6. adtour – 7. est – 8. otorrad – 9. uto	6–8	→	befriedigend
			0–5	→	nicht bestanden
Lesen	3	1. a – 2. c – 3. c – 4. a – 5. a	4–5	→	sehr gut
			2–3	→	gut
			1	→	befriedigend
			0	→	nicht bestanden
Schreiben	5	Siehe Bewertungsraster	7–9	→	sehr gut
			5–6	→	gut
			3–4	→	befriedigend
			0–2	→	nicht bestanden
Sprechen	6	Siehe Bewertungsraster	10–12	→	sehr gut
			7–9	→	gut
			5–6	→	befriedigend
			0–4	→	nicht bestanden
GESAMT	1–6	36–45 → sehr gut (80–100 %) 27–35 → gut (60–79 %) 18–26 → befriedigend (40–59 %) 0–17 → nicht bestanden (0–39 %)			

[1] In dieser Aufgabe wird getestet, ob die Schülerinnen / Schüler wissen, in welchen Fällen der indefinite Artikel und der Nullartikel verwendet werden. Bei der Bewertung sollte man daher die Fehler bei der Deklination des indefiniten Artikels nicht berücksichtigen.

Lernabschnittstest 11

Testteil	Testaufgabe	Lösungen	Punkte und Bewertung	
Hören	1	1. c – 2. c – 3. a – 4. b – 5. b	4–5 → sehr gut 2–3 → gut 1 → befriedigend 0 → nicht bestanden	
Wortschatz	2	1. urz – 2. eit – 3. illig – 4. lein	12–14 → sehr gut 9–11 → gut 6–8 → befriedigend 0–5 → nicht bestanden	
	3	1. D – 2. A – 3. B – 4. C		
	4	1. antel – 2. ullover – 3. acke – 4. trümpfe / ocken – 5. appe – 6. chuhe		
Grammatik	5	1. ihn – 2. es – 3. sie – 4. sie – 5. mich – 6. dich	9–11 → sehr gut 6–8 → gut 4–5 → befriedigend 0–3 → nicht bestanden	
	6	1. un – 2. ut – 3. ägst – 4. age – 5. ägt		
GESAMT	1–6	24–30 → sehr gut 18–23 → gut 12–17 → befriedigend 0–11 → nicht bestanden	(78–100%) (58–77%) (40–57%) (0–39%)	

Lernfortschrittstest 11–12

Testteil	Testaufgabe	Lösungen	Punkte und Bewertung	
Hören	1	1. c – 2. c – 3. b – 4. a – 5. a – 6. c	5–6 → sehr gut 3–4 → gut 1–2 → befriedigend 0 → nicht bestanden	
Wortschatz	2	1. arty – 2. chen – 3. ze – 4. henk – 5. bsch – 6. parat – 7. regt – 8. eiten – 9. ade – 10. at – 11. immer – 12. ied – 13. hr – 14. ank – 15. ppe	12–15 → sehr gut 9–11 → gut 6–8 → befriedigend 0–5 → nicht bestanden	
Lesen	3	1. a – 2. c – 3. a – 4. b – 5. b	4–5 → sehr gut 2–3 → gut 1 → befriedigend 0 → nicht bestanden	
Schreiben	4	Siehe Bewertungsraster	7–9 → sehr gut 5–6 → gut 3–4 → befriedigend 0–2 → nicht bestanden	
GESAMT	1–4	28–35 → sehr gut 21–27 → gut 14–20 → befriedigend 0–13 → nicht bestanden	(78–100%) (58–77%) (40–57%) (0–39%)	

Lernabschnittstest 13

Testteil	Testaufgabe	Lösungen	Punkte und Bewertung	
Lesen	1	1. a – 2. c – 3. a – 4. a – 5. b – 6. b	5–6 → sehr gut 3–4 → gut 1–2 → befriedigend 0 → nicht bestanden	
Wortschatz	2	1. ichtigung – 2. afen – 3. hof – 4. trum – 5. seum	12–14 → sehr gut 9–11 → gut 6–8 → befriedigend 0–5 → nicht bestanden	
	3	1. D – 2. B – 3. A – 4. E – 5. C		
	4	A. dem Bus – B. dem Schiff – C. dem Zug – D. der U-Bahn		
Grammatik	5	1. getroffen – 2. verloren – 3. gefunden – 4. gekauft – 5. gegessen – 6. gesehen	8–10 → sehr gut 6–7 → gut 4–5 → befriedigend 0–3 → nicht bestanden	
	6	1. zum – 2. beim – 3. zur – 4. vom		
GESAMT	1–6	24–30 → sehr gut (78–100%) 18–23 → gut (58–77%) 12–17 → befriedigend (40–57%) 0–11 → nicht bestanden (0–39%)		

Lernabschlusstest 8–14

Testteil	Testaufgabe	Lösungen	Punkte und Bewertung
Hören	1	1. a – 2. b – 3. c – 4. c – 5. b	7–8 → sehr gut 5–6 → gut 3–4 → befriedigend 0–2 → nicht bestanden
	2	1. richtig – 2. falsch – 3. richtig	
Lesen	3	1. b – 2. b – 3. c – 4. c – 5. a – 6. b	5–6 → sehr gut 3–4 → gut 1–2 → befriedigend 0 → nicht bestanden
Schreiben	4	Siehe Bewertungsraster	7–9 → sehr gut 5–6 → gut 3–4 → befriedigend 0–2 → nicht bestanden
Sprechen	5	Siehe Bewertungsraster	10–12 → sehr gut 7–9 → gut 5–6 → befriedigend 0–4 → nicht bestanden
GESAMT	1–5	28–35 → sehr gut (78–100%) 21–27 → gut (58–77%) 14–20 → befriedigend (40–57%) 0–13 → nicht bestanden (0–39%)	

Modelltest Fit in Deutsch 1

Testteil			Lösungen	Punkte
Hören	Teil 1:	1	Nachricht 1: 1. b – 2. a	12 x 1,5 = 18
		2	Nachricht 2: 3. b – 4. a	
		3	Nachricht 3: 5. c – 6. a	
	Teil 2:	4	Gespräch 1: 7. r – 8. f – 9. f	
		5	Gespräch 2: 10. r – 11. f – 12. f	
Lesen	Teil 1		Anzeige 1: 1. c – 2. b – 3. b	12
			Anzeige 2: 4. a – 5. b – 6. c	
	Teil 2		Beschreibung 1: 7. r – 8. f – 9. f	
			Beschreibung 2: 10. r – 11. f – 12. f	
Schreiben				6 x 2 = 12
Sprechen			Siehe Bewertungsraster	12 x 1,5 = 18
GESAMT			50–60 → **sehr gut**	
			40–49 → **gut**	
			30–39 → **befriedigend**	
			0–29 → **nicht bestanden**	

Schreiben

Kategorien	Punkte
Inhalte und Umfang	
Der geschriebene Text entspricht dem Schreibanlass und ist klar erkennbar eine Antwort auf die E-Mail / Antwort auf die Chat-Nachricht / Präsentation. Der Lerner beantwortet alle Fragen (und stellt eine Frage) / beide Fragen / schreibt Sätze zu allen vorgegebenen Punkten und die erforderliche Anzahl von mindestens 30 Wörtern wurde erreicht.	3
Der geschriebene Text entspricht im Großen und Ganzen dem Schreibanlass und ist eine Antwort auf die E-Mail / Antwort auf die Chat-Nachricht / Präsentation. Der Lerner beantwortet einige Fragen (und stellt eine Frage) / beantwortet nur eine der beiden Fragen / schreibt Sätze zu einigen vorgegebenen Punkten und die Anzahl der Wörter liegt bei ca. 20.	2
Der geschriebene Text entspricht ansatzweise dem Schreibanlass und ist eine unzureichende Antwort auf die E-Mail / Antwort auf die Chat-Nachricht / Präsentation. Der Textumfang beträgt ca. 10 Wörter.	1
Formale Richtigkeit	
Einige wenige systematische Fehler in Syntax, Morphologie (und Orthographie / Interpunktion) und bei der Wortfolge, die das Verständnis kaum beeinträchtigen.	3
Eine größere Anzahl an systematischen Fehlern in Syntax, Morphologie (und Orthographie / Interpunktion) und bei der Wortfolge, die das Verständnis meist nur wenig beeinträchtigen.	2
Sehr viele systematische Fehler in Syntax, Morphologie (und Orthographie / Interpunktion) und bei der Wortfolge, die das Verständnis erheblich beeinträchtigen.	1
Wortschatzspektrum	
Verwendet den gelernten Wortschatz zu den getesteten Themen fast immer korrekt und angemessen.	3
Verwendet den gelernten Wortschatz zu den getesteten Themen meist korrekt und angemessen.	2
Verwendet den gelernten Wortschatz zu den getesteten Themen sehr selten korrekt und angemessen.	1

* Der Test der Fertigkeit Schreiben wird mit 0 Punkten bewertet, wenn der von der Schülerin / dem Schüler verfasste Text
  – nicht verstehbar ist
  – aus nur wenigen einzelnen Wörtern besteht
  – aus einzelnen Phrasen besteht, die von der Aufgabenstellung abgeschrieben sind, oder
  – gar kein Text vorhanden ist.

Sprechen

Kategorien	Punkte
Inhalte und Umfang	
Kann auf die meisten direkten Fragen angemessen reagieren. Kann eine Reihe von einfachen situationsangemessenen Fragen stellen. Verwendet dabei einfache meist auswendig gelernte Sätze oder zählt Sachen auf.	3
Kann auf einige direkte Fragen angemessen reagieren. Kann einige einfache situationsangemessene Fragen stellen. Verwendet dabei eher einzelne Wörter und Wortgruppen, aber auch einfache kurze Sätze.	2
Kann auf sehr wenige direkte Fragen angemessen reagieren. Kann fast keine einfachen situationsangemessenen Fragen stellen. Verwendet überwiegend einzelne Wörter und Wortgruppen.	1
Formale Richtigkeit	
Einige wenige systematische Fehler in Syntax, Morphologie und bei der Wortfolge, die das Verständnis kaum beeinträchtigen.	3
Eine größere Anzahl an systematischen Fehlern in Syntax, Morphologie und bei der Wortfolge, die das Verständnis meist nur wenig beeinträchtigen.	2
Sehr viele systematische Fehler in Syntax, Morphologie und bei der Wortfolge, die das Verständnis erheblich beeinträchtigen.	1
Themen und Wortschatzspektrum	
Kann sich zu vorhersehbaren und vertrauten Themen äußern und den zugehörigen Wortschatz fast immer korrekt und angemessen verwenden.	3
Kann sich zu vorhersehbaren und vertrauten Themen äußern und verwendet den zugehörigen Wortschatz meist korrekt und angemessen.	2
Kann sich zu vorhersehbaren und vertrauten Themen äußern, verwendet aber den zugehörigen Wortschatz eher selten korrekt und angemessen.	1
Aussprache	
Gut verständlich, auch wenn die Aussprache von der Muttersprache beeinflusst ist.	3
Für Gesprächspartner, die keine Erfahrung mit Nicht-Muttersprachlern haben, schwer verständlich. Die Aussprache ist stark von der Muttersprache beeinflusst.	2
Wegen mangelhafter Aussprache ist der Inhalt meist nicht zu verstehen.	1

* Der Test der Fertigkeit Sprechen wird mit 0 Punkten bewertet, wenn die Schülerin / der Schüler
  – nichts sagt
  – nicht kommunikationsfähig ist oder
  – das, was sie / er sagt, aufgrund der Fehler und der Aussprache nicht verstehbar ist.

Lernabschnittstest 1

Aufgabe 1 (Track 2)

1. Hi, Tina.
2. Guten Morgen, Sandra!
3. Wie geht's?
4. Gut, und dir?
5. Tschüs.
6. Was mögen Sie?
7. Ich mag Tennis sehr.
8. Frau Schneider wohnt in München.

Lernfortschrittstest 1–3

Aufgabe 1 (Track 3)

Elisabeth: Ich bin Elisabeth. Wie heißt du?

Franz: Ich heiße Franz. Woher kommst du?

Elisabeth: Aus Portugal. Jetzt wohne ich in Deutschland. Wo wohnst du?

Franz: In Deutschland. Ich wohne jetzt in Dresden. Aber ich komme aus Dortmund. Hast du Hobbys?

Elisabeth: Ja, ich mag Gitarre spielen und Tischtennis. Magst du Tischtennis?

Franz: Nein, ich spiele lieber mit meinem Hund. Hast du Haustiere?

Elisabeth: Nein, ich spiele nur Tischtennis und Volleyball. Magst du Volleyball?

Franz: Ja, ich spiele gern Volleyball.

Elisabeth: Was machst du heute Nachmittag?

Franz: Keine Ahnung.

Elisabeth: Spielen wir Volleyball?

Franz: Ja, gern! Meine Nummer ist 0157 73 77 88 9. Und deine?

Elisabeth: Meine Telefonnummer ist 0177 27 45 12 1.

Franz: Super! Bis später!

Elisabeth: Tschüs. Bis später!

Lernfortschrittstest 4–5

Aufgabe 1 (Track 4)

Paul: Hallo, Lara! Wie geht's?

Lara: Gut, und dir, Paul?

Paul: Mir geht's auch gut. Kann ich dich was fragen?

Lara: Ja, klar!

Paul: Was machst du so in deiner Freizeit?

Lara: Oh, ich mache gerne Sport: Radfahren, Reiten, Laufen und Fußball spielen.

Paul: Kannst du gut Fußball spielen?

Lara: Nein, ich kann nicht gut Fußball spielen. Und Reiten kann ich auch nicht so gut. Ich fange Montag an. Aber ich kann gut Radfahren und laufen. Und du? Was kannst du gut?

Paul: Also, ich kann gut malen und kochen.

Lara: Und was kannst du nicht so gut?

Paul: Ähhh … Tanzen. Und ich kann nicht Ski fahren. Ich mag Sport nicht.

Lara: Ahh … Schade. Na dann. Tschüs.

Lernabschnittstest 6

Aufgabe 1 (Track 5)

Hallo, ich heiße Paula und bin 13 Jahre alt. Auf dem Foto seht ihr meine Familie. Ich bin links im Bild. In der Mitte sind meine Eltern. Mein Papa heißt Jens und meine Mama heißt Kathrin. Sie sind sehr freundlich und seit 20 Jahren verheiratet. Mein Papa ist von Beruf Pilot und meine Mama ist Ärztin. Rechts im Bild sind meine Geschwister Janis und Ruth. Ich habe noch eine Schwester. Sie ist nicht auf dem Foto. Sie heißt Laura und ist 9 Jahre alt. Mein Bruder Janis ist echt cool. Laura und Janis gehen zusammen in die Astrid-Lindgren-Schule. Ich gehe auf das Albert-Schweizer-Gymnasium. Bei meiner Mama ist meine kleine Schwester Ruth. Sie ist erst 2 Jahre alt und sieht wie meine Schwester Laura aus. Sie ist süß.

Lernabschlusstest 1–7

Aufgabe 1 (Track 6)

1. Hallo Susi, hier ist Franzi. Wir haben morgen kein Englisch! Frau Rau möchte morgen Projektunterricht machen. Wir brauchen morgen Schere und Kleber und ein Heft. Und Lineal und Bleistift. Vielleicht brauchen wir auch …, ah … nein, hier steht's: Wir brauchen keinen Laptop. Okay, dann bis morgen.

2. Hallo Mama, hier ist Franzi. Kannst du mich heute schon früher von der Schule abholen. Wir haben heute kein Englisch und können schon um eins nach Hause gehen. Nachmittags möchte ich dann zur Judo-AG, nicht zur Bastel-AG. Basteln ist langweilig. Judo fängt um vier Uhr an. Ist das okay? Bis später!

3. Hey, Melanie, hier ist Franzi. Mama fragt: Wann kommst du heute nach Hause? Du sollst dein Zimmer noch aufräumen und Papa kocht um sechs Spaghetti … Bis später!

4. Hallo, Hannes, hier ist Franzi, sag mal, was machst du am Wochenende? Ich möchte am Samstag gern ins Kino gehen. Der Film heißt „Der König der Löwen". Er kostet 12 Euro. Ich kann dich abholen und wir fahren mit dem Fahrrad. So gegen vier Uhr? Hast du Zeit? Bis später … vielleicht!

Lernabschnittstest 8

Aufgabe 1 (Track 7)

Ich heiße Lisa und wohne in Wien in Österreich. Mein Traumzimmer ist sehr hell. Es hat zwei große Fenster. In dem Zimmer steht ein Bett. Es ist grün. Die Wände sind gelb. An der Wand stehen drei schöne Pflanzen. Ich mag Pflanzen. In meinem Zimmer sind eine Lampe und ein Sessel. Der Sessel ist sehr gemütlich. Zwischen der Lampe und dem Sessel steht ein Tisch. Ich habe auch einen Schrank für meine Kleider. Der Schrank ist rot. Neben dem Schrank steht ein Regal. An der Wand hängt ein Bild. In dem Zimmer wohnen meine Katze und ich.

Lernfortschrittstest 8–10

Aufgabe 1 (Track 8)

Lisa: Hallo Tim.

Tim: Hallo Lisa. Möchtest du morgen mit ins Kino kommen?

Lisa: Morgen habe ich keine Zeit. Ich kann heute Abend oder am Freitag.

Tim: Dann gehen wir heute Abend ins Kino?

Lisa: Ja. Welchen Film möchtest du denn sehen?

Tim: *Harry Potter* Teil 7.

Lisa: Oh. *Harry Potter* möchte ich nicht sehen.

Tim: Warte. Heute Abend können wir noch *James Bond* oder *Das Wunder von Bern* sehen.

Lisa: Ich möchte gerne *James Bond* sehen. Und du?

Tim: Ich auch. Ähm, der Film fängt um 20.00 Uhr an.

Lisa: Treffen wir uns dann um 19.30 Uhr vor dem Kino?

Tim: Hmm. Möchtest du vorher etwas essen? Das Café Antonia ist ganz gut.

Lisa: Das ist eine gute Idee. Das Restaurant Italia ist aber noch besser.

Tim: Ok. Gerne. Treffen wir uns um 18.00 Uhr vor dem Restaurant Italia?

Lisa: Ja. Ach so, in welches Kino gehen wir eigentlich? Ins Odeon-Kino, ins Atlantis-Kino oder ins Regina-Kino?

Tim: Ins Atlantis-Kino.

Lisa: Ok. Dann bis nachher. Ich freue mich.

Tim: Ich mich auch. Bis dann!

Lernabschnittstest 11

Aufgabe 1 (Track 9)

Ich bin Katja. Ich bin vierzehn Jahre alt und komme aus Berlin. Mode ist wichtig für mich. Ich lese gerne Modezeitschriften und gehe gerne shoppen. Am liebsten mit Marie. Marie ist meine Schwester. Alleine gehe ich nicht gerne einkaufen.

Marie findet Mode nicht so wichtig. Sie hat ihren eigenen Stil. Aber sie geht gerne einkaufen. Sie trägt am liebsten Jeans. Wir bekommen 70 Euro Taschengeld pro Monat und müssen unsere Kleidung selbst kaufen. Ich kaufe am liebsten Blusen. Marie mag Musik und kauft lieber CDs. Manchmal kauft auch meine Mutter etwas für mich, aber sie kennt die Mode nicht so gut. Sie ist Ärztin und für sie ist Gesundheit wichtig. Mode findet sie langweilig, aber sie kauft gerne Schuhe.

Lernfortschrittstest 11–12

Aufgabe 1 (Track 10)

Erik: Hallo Anne! Wo warst du denn gestern?

Anne: Hallo Erik! Ich war zu Hause. Warum?

Erik: Gestern war die Party von Max und Lena. Das Essen war super und die Musik war klasse. Die Party war erst um eins zu Ende.

Anne: Oh, ja. Ich hatte keine Zeit.

Erik: Du hattest keine Zeit?

Anne: Mm, ja. Also, es war so: Mein Vater war sauer. Ich hatte eine 5 in Mathe und so … Ich hatte total Stress. Wie war die Party?

Erik: Total cool. Wir hatten echt viel Spaß.

Anne: War Nina auch da oder war sie im Kino?

Erik: Nina war nicht da. Sie hatte Fieber und Halsschmerzen. Helen war auch krank.

Anne: Oh, die Armen. Wer war sonst noch da?

Erik: Tobias und Melanie waren da. Die beiden waren richtig gut drauf und hatten viel Spaß zusammen. Thomas war auch da. Er ist schon um neun gegangen. Er war schlecht drauf. Nils und Diana waren nicht da. Sie waren im Theater.

Anne: Wart ihr alleine oder waren die Eltern von Max auch da?

Erik: Seine Eltern waren im Urlaub.

Lernabschlusstest 8–14

Aufgabe 1 (Track 11)

Hallo! Mein Name ist Johannes. In meiner Freizeit fotografiere ich gerne. Am liebsten Menschen. Ich mache auch gerne Bergtouren. Mein Hund kommt immer mit in die Berge. Aber ich schwimme nicht gerne. Zu kalt. Ich chille lieber in der Sonne.

Hi. Ich bin Elisa. Ich muss viel für die Schule lernen. Deshalb habe ich nur wenig Zeit für Hobbys. Aber jeden Dienstagabend trainiere ich in der Jugendfeuerwehr. Samstags gehe ich manchmal mit Freundinnen shoppen.

Hi, ich bin Julia. Ich habe viele Hobbys. Montags und donnerstags gehe ich reiten, dienstags mache ich Yoga und freitags gehe ich mit Freunden in die Disko.

Aufgabe 2 (Track 12)

Ben: Entschuldige bitte, kann ich dich was fragen?

Tina: Ja, klar!

Ben: Wie komme ich zum Schwimmbad?

Tina: Am besten fährst du mit dem Bus. Du kannst von hier mit der Linie 3 fahren. Hier ist die Haltestelle.

Ben: Ist das Schwimmbad weit? Kann ich auch zu Fuß gehen?

Tina: Ja, ich brauche mit dem Fahrrad zwei Minuten. Geh einfach die erste Straße nach links, zum Luisepark. Das Schwimmbad siehst du dann schon.

Ben: Vielen Dank!

Modelltest Fit in Deutsch 1

Teil 1 (Track 13–14)

Du hörst drei Nachrichten am Telefon. Zu jeder Nachricht gibt es zwei Aufgaben.
Du hörst jede Nachricht zweimal. Kreuze an: a, b oder c.

Hör zuerst das Beispiel und lies die Aufgabe mit der Lösung.

Beispiel

Hi Sybille! Hier ist Heike. Markus hat morgen Geburtstag und macht eine Party. Du kommst bestimmt auch. Wir müssen ein Geschenk mitbringen. Ich habe für ihn schon ein Flugzeugmodell gekauft. Du weißt doch, er sammelt diese Modelle. Du kannst einen Glückwunsch schreiben. Also bis morgen.

Hör die Nachricht noch einmal.

Nachricht 1 (Track 15–17)

Lies die Aufgaben 1 und 2.

Jetzt hörst du die erste Nachricht. Markiere die Lösung zu den Aufgaben 1 und 2.

Hi Markus! Hier ist Claudia. Ich möchte dich sprechen, aber du bist nicht zu Hause. Morgen kann ich leider nicht mit dir ins Internet-Café gehen. Es tut mir sehr leid. Linda hat gestern eine Party gemacht und ich habe viel gegessen und getanzt. Jetzt habe ich Bauchschmerzen auch mein Kopf tut mir weh. Vielleicht nächste Woche? Tschüs!

Du hörst die erste Nachricht noch einmal. Kontrolliere deine Lösung.

Nachricht 2 (Track 18–20)

Lies die Aufgaben 3 und 4.

Jetzt hörst du die zweite Nachricht. Markiere die Lösung zu den Aufgaben 3 und 4.

Hallo Sebastian, hier spricht Mario. Du kommst schon am Freitag zu uns? Super! Unser Haus findest du leicht. Wir wohnen nicht weit vom Bahnhof. Geh zuerst geradeaus, dann die erste Straße links. Auf der rechten Seite siehst du das Hotel Olympia. Wir wohnen gleich neben dem Hotel. Du hast doch den Plan von mir, oder? Vergiss ihn nicht. Also bis Freitag!

Du hörst die zweite Nachricht noch einmal. Kontrolliere deine Lösung.

Nachricht 3 (Track 21–23)

Lies die Aufgaben 5 und 6.

Jetzt hörst du die dritte Nachricht. Markiere die Lösung zu den Aufgaben 5 und 6.

Hallo Mario, hier ist Lea. Was machst du am Sonntag? Unsere Clique geht ins Eisstadion. Willst du mitkommen? Der Treffpunkt ist um Viertel vor drei an der Kasse. Ich komme aber 15 Minuten später. Wartest du auf mich? Ruf mich bitte noch an. Tschüs!

Du hörst die dritte Nachricht noch einmal. Kontrolliere deine Lösung.

Du hörst zwei Gespräche. Zu jedem Gespräch gibt es drei Aufgaben. Lies zuerst die Aufgaben. Hör dann das Gespräch dazu.
Du hörst jedes Gespräch zweimal. Kreuze an: richtig (r) oder falsch (f).
Hör zuerst das Beispiel und lies die Aufgabe mit der Lösung.

Beispiel

Eva: Hallo Susanne! Wohin gehst du?

Susanne: Hi Eva. Ich muss einkaufen – Brot, Milch, Obst, Gemüse und so. Aber zuerst möchte ich ein Sweatshirt kaufen. Gestern hab ich es bei C&A gesehen. Das hat mir sehr gefallen. Das musst du sehen. Kommst du mit?

Eva: Na klar! Ich brauche eigentlich auch eins. Aber ich habe schon vorige Woche ein T-Shirt gekauft und jetzt muss ich auf mein Taschengeld warten. Also gehen wir!

Hör das Gespräch noch einmal.

Gespräch 1 (Track 26–28)

Lies die Sätze 7, 8, und 9.

Jetzt hörst du das erste Gespräch. Markiere für die Sätze 7, 8 und 9: richtig (r) oder falsch (f).

Norbert: Servus Mike! Ich hab dich so lange nicht gesehen. Wohin so schnell?

Mike: Hi Norbert! Entschuldigung. Es tut mir leid, aber heute habe ich wirklich keine Zeit. In 10 Minuten muss ich vor dem Eiscafé sein.

Norbert: Du und Eiscafé? Unmöglich!

Mike: Na ja, vor einem Monat habe ich Sonia kennen gelernt. Sie ist sehr hübsch – mein Typ, weißt du?

Norbert: Und wie sieht sie aus?

Mike: Sie ist 1,60 m groß, schlank, sportlich, … Ihre Haare sind lang und etwas lockig, ihre Augen groß und blau. Wirklich eine Katze. Ich bin total verknallt. Aber ich muss jetzt wirklich schnell gehen. Tschüs!

Norbert: Ruf mich doch mal an. Ich möchte deine Sonia auch mal sehen. Tschüs!

Du hörst das erste Gespräch noch einmal.
Kontrolliere deine Lösung.

Gespräch 2 (Track 29–31)

Lies die Sätze 10, 11 und 12.

Jetzt hörst du das zweite Gespräch. Markiere für die Sätze 10, 11 und 12: richtig (r) oder falsch (f).

Peter: Grüß dich, Martina. Gut, dass ich dich treffe.

Martina: Hallo Peter. Was ist los? Brauchst du etwas?

Peter: Na ja, ich habe Probleme mit Mathe. Übermorgen schreiben wir eine Klassenarbeit. Du bist doch so gut in Mathe! Kannst du mir nicht helfen?

Martina: Doch, gerne. Heute habe ich leider keine Zeit mehr, ich gehe gerade zum Training. Aber morgen kann ich nach der Schule zu dir kommen. Geht das? Bis wann hast du Schule?

Peter: Bis zwei. Und du?

Martina: Unsere Klasse hat bis drei Schule. Um halb vier bin ich bei dir, o.k.?

Peter: Das ist super.

Martina: Also bis morgen.

Peter: Also bis dann. Tschüs!

Du hörst das zweite Gespräch noch einmal.
Kontrolliere deine Lösung.

Bildquellen

S. 13 links: Shutterstock, Robert Kneschke; rechts: Cornelsen Schulverlage, Hugo Herold I S. 14
1. Reihe links: Shutterstock, Kucher Serhii; 1. Reihe Mitte: Shutterstock, DVARG; 1. Reihe rechts:
Shutterstock, Venus Angel; 2. Reihe links: Shutterstock, aperturesound; 2. Reihe Mitte: Fotolia,
Stüber; 2. Reihe rechts: Shutterstock, Picsfive; unten: Cornelsen Schulverlage, Hugo Herold I
S. 15 2. Reihe Mitte: Shutterstock, dnaveh; alle: Cornelsen Schulverlage, Hugo Herold I
S. 16 Cornelsen Schulverlage, Hugo Herold I S. 17 links: Cornelsen Schulverlage, Hugo Herold;
rechts: Shutterstock, Nejc Vesel I S. 20 Fotolia, Vera Kuttelvaserova I S. 21 Shutterstock, Sergey
Nivens I S. 22 A + C + E + F + G: Cornelsen Schulverlage, Hugo Herold; B: Fotolia, Light Impression;
D: Shutterstock, Indigo Fish; H: Shutterstock, holbox; I: Shutterstock, Apollofoto; J: Shutterstock,
oliveromg; K: Fotolia, doehrn, L: Fotolia, Rosenwirth I S. 23 Cornelsen Schulverlage, Hugo Herold I
S. 25 alle: Cornelsen Schulverlage, Hugo Herold I S. 36 Shutterstock, Pressmaster I S. 28 Shutter-
stock, wavebreakmedia I S. 35 Fotolia, Barbara Pheby I S. 36 links: Fotolia, st-fotograf; rechts:
Fotolia, K.-P. Adler I S. 37 oben: Cornelsen Schulverlage, Hugo Herold; unten: fotolia, Mara
Zemgaliete I S. 42 Cornelsen Schulverlage, Hugo Herold I S. 43 Shutterstock, Matthew Benoit I
S. 46 Fotolia, citylights I S. 47 A: Shutterstock, Krivosheev Vitaly; B: Fotolia, Michael Schütze; C:
MediaPortal DB Systel GmbH; D: Shutterstock, pisaphotography I S. 48 links + rechts: Cornelsen
Schulverlage, Hugo Herold; Mitte: Fotolia, Woodapple I S. 49 Fotolia, A. Karnholz I S. 50 Cornelsen
Schulverlage, Hugo Herold I S. 56 oben: Fotolia, olgavolodina; unten: Fotolia, grafikplusfoto

Literaturverzeichnis

Bachman, L. F.; Palmer, A. S. (2010). Language assessment in practice: Developing language assessments and justifying their use in the real world. (Oxford applied Linguistics). Oxford u. a.: Oxford University Press.

Black, P.; Wiliam, D. (2009). Developing the theory of formative assessment. Educational Assessment, Evaluation and Accountability 21 (1): 5–31.

Chappuis, J. (2014). Classroom assessment for student learning. Pearson custom library. Harlow u. a.: Pearson.

Davison, C.; Leung, C. (2009). Current Issues in English Language Teacher-Based Assessment. TESOL QUARTERLY 43 (3): 393–415.

Dlaska, A.; Krekeler, C. (2009). Sprachtests. Leistungsbeurteilungen im Fremdsprachenunterricht evaluieren und verbessern. Baltmannsweiler: Schneider Verlag Hohengehren.

Europarat (2001). Gemeinsamer europäischer Referenzrahmen für Sprachen: lernen, lehren, beurteilen. Berlin: Langenscheidt.

Tschirner, E. (2000). Das ACTFL OPI als Forschungsinstrument. In: Aguado K. (Hg.): Zur Methodologie in der empirischen Fremdsprachenforschung. Perspektiven Deutsch als Fremdsprache. 13. Baltmannsweiler: Schneider Verlag Hohengehren: 105–118.

Tschirner, E. (2005). Das ACTFL OPI und der Europäische Referenzrahmen. Babylonia (2): 50–55.

Tschirner, E.; Bärenfänger, O.; Chobotar, T. (2015). Kompetenzorientiertes Assessment-Konzept für Lehrwerke für Deutsch als Fremdsprache. Leipzig: Institut für Testforschung und Testentwicklung e. V.

Trackliste

Die Audio-CD enthält alle Aufgaben zum Hörverstehen.

Track	Titel	Seite
01	Nutzerhinweis	
02	Lernabschnittstest 1, Aufgabe 1	12
03	Lernfortschrittstest 1–3, Aufgabe 1	16
04	Lernfortschrittstest 4–5, Aufgabe 1	22
05	Lernabschnittstest 6, Aufgabe 1	26
06	Lernabschlusstest 1–7, Aufgabe 1	28
07	Lernabschnittstest 8, Aufgabe 1	32
08	Lernfortschrittstest 8–10, Aufgabe 1	36
09	Lernabschnittstest 11, Aufgabe 1	40
10	Lernfortschrittstest 11–12, Aufgabe 1	42
11	Lernabschlusstest 8–14, Aufgabe 1	48
12	Lernabschlusstest 8–14, Aufgabe 2	48
13	Modelltest, Teil 1, Ansage, Beispiel	52
14	Modelltest, Teil 1, Wiederholung des Beispiels	52
15	Modelltest, Teil 1, Nachricht 1, Ansage	52
16	Modelltest, Teil 1, Nachricht 1	52
17	Modelltest, Teil 1, Nachricht 1, Wiederholung	52
18	Modelltest, Teil 1, Nachricht 2, Ansage	53
19	Modelltest, Teil 1, Nachricht 2	53
20	Modelltest, Teil 1, Nachricht 2, Wiederholung	53
21	Modelltest, Teil 1, Nachricht 3, Ansage	53
22	Modelltest, Teil 1, Nachricht 3	53
23	Modelltest, Teil 1, Nachricht 3, Wiederholung	53
24	Modelltest, Teil 2, Ansage, Beispiel	54
25	Modelltest, Teil 2, Wiederholung des Beispiels	54
26	Modelltest, Teil 2, Gespräch 1, Ansage	54
27	Modelltest, Teil 2, Gespräch 1	54
28	Modelltest, Teil 2, Gespräch 1, Wiederholung	54
29	Modelltest, Teil 2, Gespräch 2, Ansage	54
30	Modelltest, Teil 2, Gespräch 2	54
31	Modelltest, Teil 2, Gespräch 2, Wiederholung	54

Gesamtlaufzeit: 25 Minuten

Sprecherinnen und Sprecher:
Track 1–12: Franziska Richter, Max Richter, Anne Schmidt, Emma Vordemfelde
Track 13–31: Johannes Bauer, Nadine Binsch, Hannah Caliebe, Sebastian Hambach,
Josua Lenz, Jennifer Nitz, Manuela Weichenrieder

Regie: Peter Herrmann, Studio Kirchberg
Technik: Peter Herrmann, Studio Kirchberg